第3次改訂版

昇任試験

地方公務員法

精選問題集

加藤敏博・齋藤陽夫
〈共著〉

公職研

はじめに

　この問題集は、昇任試験の勉強をする皆さんが、地方公務員法を中心とする地方公務員制度について、必要な知識を確実かつ効率的に習得することができることを目的に作成したものです。

　この問題集の特徴は、次の点です。

・**項目**　出題される可能性がある分野を網羅的に勉強することができるように、地方公務員制度に関するほぼ全ての分野をピックアップしています。ただし、項目によって出題の頻度が異なるため、出題の頻度に応じて、重要度 ★ ～ 重要度★★★ を付しています。これにより、重要度の高い項目から勉強するなど、メリハリをつけて勉強をすることをお勧めします。

・**問題**　全て五肢択一で正しいものを選択する形式としています。選択肢のそれぞれについて誤りを確認するこの形式が、知識を習得する上で最もふさわしいからです。また、選択肢は、過去に出題された問題を分析した上で、基本的な事項を中心に、必要な知識を確認するものを厳選しています。ただし、重要な項目では、難度のある問題も出題されているため、そういった項目では**発展問題**も出題しています。

・**解説**　どこが間違っているか、どこに注意が必要かのポイントをコンパクトに記述し、条文等の根拠を示しています。

・ *Point Check!*　その項目で押さえるべきポイントを整理しています。問題を解いた後でこれを確認することで、知識を定着させることができます。また、試験の直前の短い時間にここを見直すことで効率的な復習ができます。

　必要な知識を確認する問題を解いた上で、解説を読んで理解し、その上でポイントを覚える、すなわち、「解く」⇒「理解する」⇒「覚える」というこの一連の作業が、必要な知識を確実かつ効率的に習得する上で大切です。

　なお、この問題集の内容は、令和5年4月1日時点の地方公務員法に基づくものです。

　この問題集を勉強することで、皆さんが目標を達せられることを願っています。

加藤敏博

齋藤陽夫

※　法律の略称について

・育児休業法　　　　育児休業、介護休業等育児又は家族介護を行う労働者
　　　　　　　　　　の福祉に関する法律
・教特法　　　　　　教育公務員特例法
・地共済法　　　　　地方公務員等共済組合法
・地公企法　　　　　地方公営企業法
・地公災法　　　　　地方公務員災害補償法
・地公労法　　　　　地方公営企業等の労働関係に関する法律
・地自法　　　　　　地方自治法
・地方公務員育休法　地方公務員の育児休業等に関する法律
・地方独法法　　　　地方独立行政法人法
・任期付研究員法　　地方公共団体の一般職の任期付研究員の採用等に関す
　　　　　　　　　　る法律
・任期付職員法　　　地方公共団体の一般職の任期付職員の採用に関する法
　　　　　　　　　　律
・労基法　　　　　　労働基準法

目次

第3章 職員の義務

第4章 職員の責任

【問1】地方公務員の地位　　　　　　　　重要度　★

■地方公務員の地位に関して、正しいものはどれか。

1　憲法は、公務員は全体の奉仕者であると定めているから、地方公務員がその職務を行うに当たっては、良心に従い、法令にのみ拘束されて職権を行使しなければならない。

2　憲法は、公務員は全体の奉仕者であると定めているから、地方公務員は、一般の労働者と異なり、憲法の労働基本権が保障されていない。

3　憲法は、公務員は一部の奉仕者ではないと定めているから、地方公務員は、政治的に中立でなければならず、政治的行為は、全て禁止される。

4　憲法は、公務員は全体の奉仕者であると定めているから、地方公務員は、不利益な処分について公正な手続が確保されるなど一般の労働者よりその身分が保障されている。

5　憲法は、公務員の選定及び罷免は、国民固有の権利であると定めているから、地方公務員は、住民の意思によって罷免されることがある。

【問1】 地方公務員の地位 正解：4

1 ：✕ 地方公務員は、その職務を行うに当たっては、法令はもちろん、選挙によって選出された国民あるいは住民の代表者の意思に従うべきである。

2 ：✕ 地方公務員法は、地方公務員の争議行為を禁止しているが、憲法の労働基本権が保障されていないわけではなく、職員団体の組織や当局との交渉は可能である。

3 ：✕ 政治活動の自由は、重要な人権であるから、地方公務員法は、一定の政治的行為に限って禁止している（36条）。

4 ：〇 地方公務員が全体の奉仕者であるため、地方公務員法は、地方公務員の身分を保障することで、中立的かつ安定的な行政運営を確保しようとしている。

5 ：✕ 憲法は、公務員の選定及び罷免は、国民固有の権利であると定めているが（憲法15条1項）、これは、個々の地方公務員について具体的に住民による選定罷免の権限があることを定めたものではない。

Point Check!

□憲法は、公務員を選定し、罷免することは、国民固有の権利であると規定しており、これは、国民に主権があることから、公務員の地位の究極の根拠が国民の意思によるものであることを定めたもの。

□憲法は、全て公務員は、全体の奉仕者であって一部の奉仕者ではないと規定しており、これは公務員が国民・住民全体の利益のために奉仕すべき地位にあることを定めたもの。

□公務員も、憲法上の国民や勤労者としての権利を保障されるが、全体の奉仕者としての地位の特殊性と職務の公共性から、最低限の制約を受ける。

【問2】一般職と特別職 （1）　　　　　重要度★★★

■一般職と特別職に関して、正しいものはどれか。

1　地方公務員のうち、地方公共団体の地方公務員の職は、一般職及び特別職に分けられ、このほかに、特定地方独立行政法人の地方公務員の職がある。

2　地方公務員の職のうち特別職に該当する職は、地方公務員法に全て列挙されており、一般職は、特別職に属する職以外の一切の職である。

3　地方公務員法は、特別職に属する地方公務員には、法律に特別の定めがある場合を除き適用されないが、一般職に属する地方公務員には、全ての規定が適用される。

4　就任について地方公共団体の議会の選挙、議決又は同意によることを必要とする職は、全て特別職であり、副知事、副市町村長、会計管理者等の職がこれに該当する。

5　臨時又は非常勤の顧問、参与、調査員、嘱託員及びこれらの者に準ずる者の職は、専門的な知識経験又は識見を有する者が就く職であるか否かを問わず、全て特別職である。

【問2】 一般職と特別職 (1)　　　　　　　　　　　　　　正解： 2

1：✗　全ての地方公務員の職が一般職と特別職に分けられる（3条
　1項）。
2：○　特別職は、地方公務員法に限定列挙されており（3条3項）、
　それを除く地方公務員の職は、一般職である（3条2項）。
3：✗　記述の前半は正しいが（4条2項）、一般職に属する地方公
　務員には、全ての地方公務員法の規定が適用されるわけではない
　（28条の2第4項、29条の2第1項、57条等）。
4：✗　記述の前半は正しいが、会計管理者の職は、一般職である。
5：✗　記述の職のうち、専門的な知識経験・識見を有する者が就く
　一定の職に限り、特別職に該当する（3条3項3号）。

Point Check!

□地方公務員（地方公共団体及び特定地方独立行政法人の全ての公務
　員）の職は、一般職と特別職とに分けられる。
□一般職は、特別職に属する職以外の職である。
□特別職は、地方公務員法に限定列挙されている。次の職は、その例。
　①就任について公選又は地方公共団体の議会の選挙、議決若しくは
　同意によることを必要とする職、地方公営企業の管理者の職等
　②臨時・非常勤の顧問、参与、調査員、嘱託員等の職（ⅰ専門的な
　知識経験・識見を有する者が就く職で、ⅱ当該知識経験等に基づき、
　ⅲ助言、調査、診断又は労働争議の斡旋を行うものに限る。）
　③投票・開票管理者、選挙長、選挙分会長等、（投票・開票・選
　挙・不在者投票等）立会人の職
　④法令等による委員及び委員会の臨時・非常勤の構成員の職
□地方公務員法の規定は、①一般職に属する全ての地方公務員に適用
　され（全ての規定が適用される訳ではない。）、②法律に定めがある
　場合を除き、特別職に属する地方公務員には適用されない。

【問3】一般職と特別職 （2）

《発展問題》

重要度★★★

■一般職と特別職に関して、正しいものはどれか。

1　一般職に属する地方公務員は、全て期間の定めなく任用され、定年までその身分が保障されるが、特別職に属する地方公務員には、任期が定められているものがある。

2　一般職に属する地方公務員は、全て成績主義の適用を受け、能力の実証に基づいて任用を行わなければならないが、特別職に属する地方公務員については、その必要はない。

3　一般職に属する地方公務員は、法律又はこれに基づく条例に基づかずにいかなる給与も受けることができないが、特別職に属する地方公務員には、そのような制限はない。

4　一般職に属する地方公務員には、常時勤務に服する者のほか臨時又は非常勤の者があるが、特別職に属する地方公務員は、全て常時勤務に服さない。

5　一般職に属する地方公務員は、職務専念義務を有し、営利企業等への従事が制限されるが、特別職に属する地方公務員は、全ての兼業又は兼職が制限されない。

【問3】 一般職と特別職 （2）   正解：2

1：✗　一般職に属する地方公務員にも、臨時的任用職員、定年前再任用短時間勤務職員等、任期の定められている者がある。

2：○　成績主義は、任用の根本基準として全ての一般職に属する地方公務員に適用されるが（15条）、特別職に属する地方公務員には適用されない。

3：✗　普通地方公共団体は、いかなる給与その他の給付も法律又はこれに基づく条例に基づかずに地方公務員に支給することができない（地自法204条の2）。

4：✗　特別職の地方公務員にも、地方公営企業の管理者、教育長、地方公共団体の委員又は委員会で常勤の者等、常時勤務に服する者がある。

5：✗　特別職である普通地方公共団体の長や議会の議員は、地方自治法により兼業や兼職が制限されている（地自法92条、92条の2、141条、142条）等、他の法律で兼業や兼職が制限されている場合がある。

Point Check!

□一般職には、任期の定めのない常勤の職のほか、任期の定めのある職や非常勤の職があり、特別職にも常勤の職がある。

□一般職の任用は、成績主義が適用され、臨時的任用を除き、競争試験又は選考により採用しなければならないが、特別職にはその適用がない。

□一般職には地方公務員法の服務の規定が適用され、特別職には適用されないが、別の法律で、兼業・兼職の禁止、守秘義務、職務専念義務等が定められている場合がある。

□給与条例主義は、全ての地方公務員に適用される。

【問4】人事委員会・公平委員会（1）　　重要度　★

■人事委員会及び公平委員会に関して、正しいものはどれか。

1　都道府県及び指定都市は、人事委員会を置かなければならず、指定都市以外の市及び特別区は、条例で人事委員会又は公平委員会のいずれかを置かなければならない。

2　人事委員会又は公平委員会は、4人の委員で組織し、その委員は、任期が4年で、地方公共団体の長が議会の同意を得て選任し、委員のうちから委員長を選挙する。

3　人事委員会又は公平委員会は、法律又は条例に基づきその権限に属せられた事務に関し、人事委員会規則又は公平委員会規則を制定することができる。

4　人事委員会又は公平委員会は、その権限の行使に関し必要があるときは、証人を喚問することができ、正当な理由がなくてこれに応じない者には、罰則の定めがある。

5　人事行政に関する条例を制定し、又は改廃しようとするときは、その地方公共団体の議会において、人事委員会又は公平委員会の意見を聴かなければならない。

【問4】 人事委員会・公平委員会（1）　　　　　　　　　　　正解：3

1：✗　指定都市以外の人口15万以上の市及び特別区は、人事委員会
又は公平委員会を置き、それ以外の市、町、村及び組合は、公平委
員会を置く（7条1～3項）。

2：✗　人事委員会及び公平委員会は、3人の委員で組織する（9条
の2第1項）。

3：〇　記述のとおり。人事委員会規則又は公平委員会規則は、法令
又は条例若しくは規則に違反しない限りにおいて定めることができ
る（8条5項、地自法138条の4第2項）。

4：✗　罰則は、不利益処分に対する審査請求の審査（50条1項）に
関する証人喚問又は書類等の提出命令の場合だけに定めがある（61
条1号）。

5：✗　人事委員会を置く地方公共団体のみに当てはまる記述である
（5条2項）。

Point Check!

□①都道府県及び指定都市は、人事委員会を置く。②指定都市以外の
人口15万以上の市及び特別区は、人事委員会又は公平委員会を置く。
③人口15万未満の市、町、村及び組合は、公平委員会を置く。その
設置は、条例による。公平委員会を共同して設置すること又は公平
委員会の事務を人事委員会に委託することができる。

□人事委員会・公平委員会は、3人の委員で組織し、委員は、議会の
同意を得て、地方公共団体の長が選任する。任期は4年。委員のう
ちから委員長を選挙する。原則として、3人の委員が出席して会議
を開き、過半数で議事を決する。

□その権限とされた事務に関する人事委員会規則・公平委員会規則
（法令又は条例・規則の範囲内）を制定できる。

【問5】人事委員会・公平委員会（2）　　　　重要度　★★

■人事委員会及び公平委員会に関して、正しいものはどれか。

1　職員の競争試験は、地方公共団体の長が行うが、条例で定めるところにより、人事委員会及び公平委員会がこれを行うこととすることができる。

2　人事委員会及び公平委員会は、職員の勤務条件が社会一般の情勢に適応するように講ずべき適当な措置について、地方公共団体の議会及び長に勧告することができる。

3　人事委員会及び公平委員会は、毎年少なくとも1回、給料表が適当であるかどうかについて、地方公共団体の議会及び長に報告し、あわせて適当な勧告をすることができる。

4　人事委員会及び公平委員会は、職員の勤務条件に関する措置の要求を審査し、必要な措置を執るが、職員のその他の苦情については、任命権者が処理する。

5　人事委員会及び公平委員会は、職員団体が登録を申請した場合に所定の要件を満たすときは、規約及びその申請書の記載事項を登録し、当該職員団体にその旨を通知する。

【問5】 人事委員会・公平委員会（2）　　　　　　　　正解：5

1：✖　人事委員会を置く地方公共団体は、人事委員会が競争試験及び選考並びにこれらに関する事務を行う。公平委員会を置く地方公共団体は、条例で定めるところにより、公平委員会が、これらを行うことができる（9条）。

2：✖　情勢適応の原則は、全ての地方公共団体に適用されるが（14条1項）、そのための措置に関する勧告は、人事委員会だけがすることができる（14条2項）。

3：✖　給料表に関する報告及び勧告は、人事委員会だけがすることができる（26条）。

4：✖　職員の苦情を処理することは、人事委員会及び公平委員会の権限である（8条1項11号・2項3号）。

5：〇　記述のとおり（53条）。

 *Point Check!*

□人事委員会と公平委員会に共通する権限は、①勤務条件に関する措置の要求の審査・措置、②不利益処分についての審査請求に対する裁決、③苦情の処理、④職員団体の登録等。また、⑤権限行使に必要があるときは、証人の喚問又は書類・その写しの提出を求めることができる。

□公平委員会は、条例で定めた場合は、競争試験及び選考並びにこれらに関する事務を行える。

□人事委員会のみが有する権限は、①人事行政に関する条例の制定・改廃に関する議会・長に対する意見の申出、②勤務条件に関し講ずべき措置についての議会・長に対する勧告、③給料表に関する議会・長に対する報告・勧告、④給与の支払の監理、⑤人事評価の実施、研修の方法についての長に対する勧告等。

【問6】任命権者　　　　　　　　　　　重要度　★

■任命権者に関して、正しいものはどれか。

1　任命権者は、法律に特に定めがある場合を除き、地方公務員法並びにこれに基づく条例、規則等に従い、職員の任命、人事評価、休職、免職及び懲戒等を行う。

2　地方公共団体には、執行機関として地方公共団体の長のほか委員会及び委員が置かれており、地方公共団体の長以外の任命権者は、これらの執行機関である。

3　地方公共団体の任命権者は、その権限をその補助機関である上級の地方公務員に委任することができ、この場合、その委任を受けた上級の地方公務員が任命権者となる。

4　任命権者は、職員の身分取扱に関する規程を定めるときは、人事委員会又は公平委員会に協議しなければならない。

5　任命権者は、登録を受けた職員団体から、職員の給与、勤務時間その他の勤務条件に関し、適法な交渉の申入れがあった場合は、その申入れに応ずべき地位に立つ。

【問6】任命権者　　　　　　　　　　　　　　　　　正解：1

1：○　人事機関には、任命権者と人事委員会又は公平委員会があり、任命権者は職員の人事権を直接行使し（6条1項）、人事委員会又は公平委員会はこの人事権の行使の適正さを確保する役割を担う。

2：✕　任命権者には、議会の議長や警視総監・道府県警察本部長、市町村の消防長等があり、執行機関とは限らない。

3：✕　任命権者は、その権限の一部をその補助機関である上級の地方公務員に委任することができるが、その全部を委任することはできない（6条2項）。

4：✕　人事委員会及び公平委員会に記述のような権限はない。

5：✕　職員団体からの交渉の申入れに応ずべき地位に立つのは、地方公共団体の当局であり（55条1項）、当局とは、交渉事項について適法に管理し、又は決定することのできる者であり（55条4項）、必ずしも任命権者とは一致しない。

Point Check!

□任命権者とは、人事機関の1つで、職員に対して任命権を有する者、すなわち、職員の任命、人事評価、休職、免職、懲戒等、職員の身分取扱いに関する権限を有する者をいう。

□任命権者は、地方公共団体の長、議会の議長、選挙管理委員会、代表監査委員、教育委員会（県費負担教職員は都道府県・指定都市教育委員会）、人事委員会・公平委員会、警視総監・道府県警察本部長、消防長・消防団長、地方公営企業管理者等であり、必ずしも執行機関とは一致しない。

□任命権者は、その権限の一部をその補助機関たる上級の地方公務員に委任することができる。

【問7】成績主義　　　　　　　　　　　　　重要度　★

■成績主義に関して、正しいものはどれか。

1　成績主義は、任用の根本基準であり、地方公共団体の行政運営を能率的に行うためにできる限り必要な優秀な人材を任用するべきであるという理念を定めたものである。

2　成績主義は、競争試験又は選考を経て任用される職員には適用されるが、これらを経ずに臨時的に任用される職員には適用される余地はない。

3　成績主義は、職員を採用し、又は昇任させる場合について適用されるが、職員を降任し、又は転任する場合には適用されない。

4　成績主義における「成績」とは、競争試験又は選考の受験成績を意味し、勤務成績の評価に基づいて任用することは、成績主義に含まれない。

5　医師の採用に医師免許、教員の採用に教員免許等、一定の免許を得ていることや、一定の課程を履修したことなどを採用の要件とすることは、成績主義に基づくものである。

【問7】 成績主義　　　　　　　　　　　　　　　　　　正解：5

1：✕　成績主義の規定は、単に理念を定めたものではなく、義務規定であり（15条）、この規定に違反して任用した者には、罰則が適用される（61条2号）。

2：✕　成績主義は、一般職の職員の全てに適用され、臨時的に任用される職員は除外されていない。

3：✕　成績主義は、一般職の職員の任用の全てに適用される。

4：✕　成績主義は、「受験成績、人事評価その他の能力の実証」に基づく任用をいう。

5：○　成績主義における「能力の実証」に基づく任用には、各種の免許を得ていることや一定の学校の卒業や課程の履修等、能力を実証する客観的な事実をいう。

Point Check!

□職員の任用は、地方公務員法の定めるところにより、受験成績、人事評価その他の能力の実証に基づいて行わなければならない。

□成績主義は、全ての一般職の職員に対し適用され、臨時的任用職員等の任期付職員や非常勤職員にも適用される。また、全ての任用の方法（採用、昇任、降任、転任）に適用される。

□能力の実証には、免許、教育・養成機関の卒業や課程の履修、これらにおける成績等の客観的な事実を含む。

□成績主義に違反して任用した者には、罰則の定めがある。成績主義違反の任用を企て、命じ、故意に容認し、唆し、又はほう助した者も同じ。

【問 8 】欠格事由　　　　　　　　　　　　重要度　★★

■欠格事由に関して、正しいものはどれか。

1　欠格事由に該当しないことは採用に当たっての要件であるから、職員となった後に欠格事由に該当することとなった場合には、その職を失うわけではない。

2　欠格事由は採用に当たっての要件にとどまるものであるから、欠格事由に該当する者が競争試験又は選考を受けることができないわけではない。

3　任命権者は、誤って欠格事由に該当している者を採用し、採用後にそのことが判明した場合には、速やかにその者を免職する処分を行わなければならない。

4　ある地方公共団体において懲戒免職の処分を受け、その処分の日から 2 年を経過しない者であっても、他の地方公共団体においては欠格事由に該当しない。

5　禁錮以上の刑に処せられ、刑事施設において刑の執行を受けた後に改悛の状があるとして仮釈放となった者は、その時点から欠格事由に該当しない。

【問8】 欠格事由　　　　　　　　　　　　　　　　　　正解： 4

1 ： ✕　職員となった後に欠格事由に該当することとなった者は、条
例に特別の定めがある場合を除き、当然にその職を失う（28条4項）。

2 ： ✕　欠格事由に該当する者は、職員として採用されない以上、競
争試験又は選考を受けることもできない（16条）。

3 ： ✕　欠格事由に該当する者の採用は、重大な法律違反で、当然に
無効であると解されており、免職処分をするまでもない。

4 ： ◯　懲戒免職処分を受けた者は、これを受けた地方公共団体にお
いてのみ欠格事由に該当する（16条2号）。

5 ： ✕　仮釈放中の者は、一定の場合には仮釈放の処分を取り消され
ることがあるから（刑法29条）、「刑の執行を受けることがなくなる
までの者」に該当する。

□欠格事由に該当する者は、①職員となること、②競争試験又は選考
を受けること、③職員としての身分を保持することができない。

□欠格事由は、①禁錮以上の刑に処せられ、執行を終わるまで又は執
行を受けることがなくなるまでの者（仮釈放中の者・刑の執行猶予
中の者）、②その地方公共団体において懲戒免職処分を受けて処分
の日から2年を経過しない者、③人事委員会・公平委員会の委員に
あって地方公務員法違反で処刑された者、④憲法又は政府の暴力に
よる破壊を主張する団体を結成し、又はこれに加入した者

□欠格事由に該当する者の任用は無効で、失職する。ただし、①その
者が職員として行った行為は有効、②その間の給料は返還の必要が
ない、③退職手当等は支給しない、と解されている。

【問9】任命の方法　　　　　　　　　　　　重要度 ★★

■任命の方法に関して、正しいものはどれか。

1　任命の方法として、採用、昇任、降任及び転任の4つが定められているが、採用又は昇任によることが原則であり、これが困難な場合に他の方法によることができる。

2　職員の任命の方法についての定めは、任期を定めて任用される職員や非常勤職員にも適用されるが、臨時的に任用される職員はこれに含まれない。

3　採用とは、職員以外の者に職員としての身分を付与した上で、当該職員を具体的な職に就けるという2段階の行為を一括して行うものである。

4　職員の採用は、行政行為であるとする説と公法上の契約であるとする説があるが、採用に対し不服申立てができること等から後者であると解するのが一般的である。

5　人事委員会及び公平委員会は、職員の任命の方法のうちのいずれによるべきかについての一般的基準を定めることができる。

【問9】 任命の方法 　　　　　　　　　　　　　　　　　　正解：2

1 ：✗　任命の方法について採用又は昇任によることを原則とする定
めはなく、いずれの方法も可能である。

2 ：○　任命の方法についての定めは、正式任用を対象としており、
臨時的任用はこれに含まれない（17条、22条2・5項）。

3 ：✗　職員としての身分と職は一体のものであり、身分のみを有し
て職を有しない採用はない。

4 ：✗　採用が不服審査及び行政事件訴訟の対象となることから、行
政行為であると解するのが一般である。

5 ：✗　公平委員会には、競争試験等を行う公平委員会を除き、記述
のような権限がない（17条2項）。

Point Check!

□任命の方法には、採用、昇任、降任、転任の4種類がある。任命権
者は、職員の職に欠員が生じた場合には、これらのいずれかの方法
により職員を任命できる。

□①採用とは、職員以外の者を職員の職に任命し（臨時的任用を除
く。）、②昇任とは、職員をその職員が現に任命されている職より上
位の職制上の段階に属する職員の職に任命し、③降任とは、職員を
その職員が現に任命されている職より下位の職制上の段階に属する
職員の職に任命し、④転任とは、職員をその職員が現に任命されて
いる職以外の職員の職（②・③を除く。）に任命することをいう。

□人事委員会（競争試験等を行う公平委員会を含む。）を置く地方公
共団体では、人事委員会は、いずれの任命の方法によるべきかにつ
いての一般的基準を定めることができる。

□採用の法的性質は、相手方の同意を要する行政行為と解するのが一
般である。

【問10】 採用の方法 （1）　　　　　　　重要度★★★

■採用の方法に関して、正しいものはどれか。

1　公平委員会（競争試験及び選考を行う公平委員会を除く。）
　を置く地方公共団体の職員の採用は、競争試験又は選考の
　いずれかによることができる。

2　職員の採用は、人事委員会又は公平委員会が定める職につ
　いてその承認があるときは、競争試験又は選考以外の方法
　により行うことができる。

3　採用のための競争試験は、受験者が、その競争試験に係る
　職の職務遂行能力及び適性を有するかどうかを正確に判定
　する方法であり、選考は、この判定を緩和して行う方法で
　ある。

4　任命権者が採用のための競争試験を行う地方公共団体に限
　り、国又は他の地方公共団体の機関との協定によりこれら
　の機関に委託して、この競争試験を行うことができる。

5　職員の採用は、競争試験又は選考のいずれかに合格した者
　について行わなければならず、競争試験又は選考を実施し
　ないでこれに合格した者とみなすことはできない。

【問10】 採用の方法（1）　　　　　　　　　　　　　　　正解：1

1：○　記述のとおり（17条の2第2項）。
2：×　職員の採用について、競争試験又は選考以外の方法は認められていない（17条の2第1・2項）。
3：×　選考も、競争試験と同じ目的である（21条の2第1項）。
4：×　任命権者が採用のための競争試験を行う地方公共団体に限らず、行うことができる（18条）。
5：×　人事委員会又は任命権者（公平委員会が競争試験等を行う場合は公平委員会）は、その定める職員の職に採用候補者名簿がなく、かつ、人事行政の運営上必要と認める場合は、その職の採用試験・選考に相当する国又は他の地方公共団体の採用試験・選考に合格した者をその職の選考に合格した者とみなせる（21条の2第3項）。

Point Check!

□特定の職に就けるため、標準職務遂行能力及び適性を有するか否かの正確な判定を目的に、①採用試験は、不特定多数の者の競争による選抜、②選考は、特定の者について確認を行う。
□採用試験及び選考は、①人事委員会を置く地方公共団体は、人事委員会が行う。②人事委員会を置かない地方公共団体は、任命権者が行うが、条例で定めて公平委員会が行うことができる。
□職員の採用は、①人事委員会（競争試験等を行う公平委員会を含む。）を置く地方公共団体は、競争試験により、人事委員会規則（公平委員会規則）で定める場合は、選考（競争試験以外の能力の実証に基づく試験）による。②①以外の地方公共団体は、競争試験又は選考による。
□①他の地方公共団体の機関との協定によりこれと共同して、②国又は他の地方公共団体の機関との協定によりその機関に委託して、採用試験又は選考を行うことができる。

【問11】採用の方法（2）　　　　重要度★★★

■採用の方法に関して、正しいものはどれか。

1　採用試験は、その地方公共団体の住民で受験の資格を有する全ての者に対して、平等の条件で公開されなければならない。

2　採用試験については、受験者に必要な資格として、職務の遂行上必要で、最少かつ適当な限度の客観的かつ画一的な要件を定めなければならない。

3　採用試験による職員の採用については、試験を実施する人事委員会・公平委員会又は任命権者は、試験ごとに採用候補者名簿を作成し、合格者を記載しなければならない。

4　試験機関に属する者が受験に不当な影響を与える目的で秘密の情報を提供したときは、地方公務員法の秘密を守る義務違反として、罰則が適用される。

5　選考による職員の採用については、任命権者は、選考を実施する人事委員会又は公平委員会が作成する採用候補者名簿に記載された者の中から採用しなければならない。

【問11】 採用の方法（2）　　　　　　　　　　　　　　　　　正解：2

1：✕　その地方公共団体の住民だけでなく、受験資格を有する全て
の国民に対して公開されなければならない（18条の2）。

2：〇　記述のとおり（19条）。

3：✕　採用候補者名簿は、人事委員会（競争試験等を行う公平委員
会を含む。）のみが作成し、任命権者は、作成しない（21条1項）。

4：✕　受験を阻害し、又は受験に不当な影響を与える目的で特別若
しくは秘密の情報を提供した職員には、秘密を守る義務違反より重
い罰則が適用される（18条の3、61条3号）。

5：✕　選考による職員の採用について、採用候補者名簿は、作成し
ない。

□採用試験は、試験実施機関（人事委員会又は任命権者（公平委員会
　が実施する場合は公平委員会））の定める受験の資格を有する全て
　の国民に対して平等の条件で公開されなければならない。

□試験実施機関は、受験者に必要な資格として職務の遂行上必要で、
　最少かつ適当な限度の客観的・画一的条件を定める。

□試験機関に属する者その他職員が、受験を阻害し、又は受験に不当
　な影響を与える目的で特別若しくは秘密の情報を提供してはならず、
　その違反には罰則の定めがある。

□①人事委員会（競争試験等を行う公平委員会を含む。）を置く地方
　公共団体では、競争試験による職員の採用・昇任は、試験ごとに採
　用候補者名簿を作成し、合格点以上を得た者の氏名及び得点を記載
　し、任命権者は、名簿に記載された者の中から行う。選考による職
　員の採用は、任命権者が、人事委員会が行う選考に合格した者の中
　から行う。② ①以外の地方公共団体では、採用候補者名簿を作成
　しない。

【問12】 昇任・降任・転任　　　　　　　　　重要度　★

■昇任・降任・転任に関して、正しいものはどれか。

1　職員の昇任は、任命権者が、任命しようとする職の属する職制上の段階の標準的な職に係る標準職務遂行能力を有するか否かのみを基準に判断しなければならない。

2　人事委員会（競争試験等を行う公平委員会を含む。）を置く地方公共団体における職員の昇任は、人事委員会の定める職については、競争試験によらなければならない。

3　昇任試験の受験は、人事委員会等の指定する職に正式に任用された職員に限られ、また、受験資格を有する全ての職員に平等の条件で公開されなければならない。

4　職員の降任は、不利益な処分であるから、任命権者は、地方公務員法又は条例に定める事由によらなければ、職員の意に反して降任することができない。

5　職員の転任は、職員をその職員が現に任命されている職以外の職員の職に任命することで、異なる任命権者の職に任ずるものを含む。

【問12】 昇任・降任・転任 　　　　　　　　　　　　　　正解：3

1：✕　昇任は、標準職務遂行能力及び適性を有すると認める者の中から行う（21条の3）。

2：✕　人事委員会規則で定める職への昇任は、競争試験又は選考による（21条の4第1項）。

3：○　記述のとおり（21条の4第3・4項）。

4：✕　降任は、地方公務員法に定める事由によらなければならない（27条2項）。

5：✕　任命権者が異なる職への発令は、出向であり、出向先の任命権者において、新たな職への任命行為が必要である。

Point Check!

□昇任・降任・転任のいずれも、人事評価その他の能力の実証に基づき、任命しようとする職の属する職制上の段階の標準的な職に係る標準職務遂行能力及び当該任命しようとする職についての適性を有することを要する。

□①人事委員会（競争試験等を行う公平委員会を含む。）を置く地方公共団体は、人事委員会規則・公平委員会規則（任命権者の意見を聴いて定める。）で定める職に昇任させる場合、②その他の地方公共団体は、任命権者が定める職に昇任させる場合は、当該職について昇任試験又は選考が行われなければならない。

□昇任試験の受験は、①の地方公共団体は人事委員会等が指定する職、②の地方公共団体は任命権者が指定する職に正式に任用された職員に限られ、その職員全てに平等の条件で公開される。

□昇任試験及び昇任のための選考の実施については、採用試験及び採用のための選考の規定（試験機関、受験の資格要件、試験の目的・方法、候補者名簿の作成等）が準用されている。

【問13】 条件付採用　　　　　　　　　　重要度★★★

■条件付採用に関して、正しいものはどれか。

1　全ての職員の採用は、条件付のものであって、その職員が
　　その職において法定の期間を勤務しない限り、正式採用と
　　はならない。

2　条件付採用となった職員がその職において法定の期間を勤
　　務し、その間その職務を良好な成績で遂行したときは、何
　　らの発令行為なくして当然に正式採用となる。

3　条件付採用の期間は、6月であるが、人事委員会（人事委
　　員会を置かない地方公共団体は、任命権者）は、1年を限
　　度として、これより長い期間を定めることができる。

4　任命権者は、条件付採用期間中の職員が、その職務を特に
　　良好な成績で遂行していると認めるときは、条件付採用の
　　期間を短縮することができる。

5　人事委員会（競争試験及び選考を行う公平委員会を含む。）
　　を置く地方公共団体においては、人事委員会は、職員の昇
　　任について、条件付のものとすることができる。

【問13】 条件付採用 　　　　　　　　　　　　　　　　　正解： 2

1 ： ✕ 　条件付採用の規定は、職員の採用のうち、①臨時的任用、②
定年前再任用短時間勤務職員の採用には、適用されない（15条の2
第1項1号、22条の4第6項）。

2 ： ○ 　任命権者が免職とする処分を行わない限り、正式採用になる
のであり、正式採用の発令行為や通知は不要である。

3 ： ✕ 　能力の実証を得るために合理的な必要がある場合に限り、条
件付採用の期間を1年を超えない範囲内で延長することができるが
（22条）、あらかじめ延長して定めることはできない。

4 ： ✕ 　条件付採用期間の短縮は、認められない。

5 ： ✕ 　職員の昇任は、条件付とはされない。

Point Check!

□職員の採用は、職員がその職において6月間を勤務し、その間その
職務を良好な成績で遂行したときに正式採用になる。正式採用にな
るのに発令行為や通知は要しない。

□条件付採用の規定は、①臨時的任用、②定年前再任用短時間勤務職
員の採用には適用されない。

□①人事委員会（競争試験等を行う公平委員会を含む。）を置く地方
公共団体では人事委員会規則（公平委員会規則）で定めるところに
より、②その他の地方公共団体では地方公共団体の規則で定めると
ころにより、条件付採用期間を採用後1年を超えない範囲内で延長
できる。

□条件付採用期間は、短縮できない。

【問14】 条件付採用期間中の職員の身分取扱い （重要度★★★）

■条件付採用期間中の職員の身分取扱いに関して、正しいもの
　はどれか。

1　条件付採用期間中の職員は、地方公務員法に定める事由に
　よらずに懲戒処分を受けることがあり、人事委員会又は公
　平委員会に審査請求をすることもできない。

2　条件付採用期間中の職員に対し、懲戒処分を行う場合には、
　その職員に処分の事由を記載した説明書を交付する必要は
　なく、職員もこれを請求することができない。

3　条件付採用期間中の職員は、地方公務員法に定める事由に
　よらずに分限免職処分を受けることがあり、その場合には、
　裁判所にその取消しを求めて訴えることもできない。

4　条件付採用期間中の職員は、給与、勤務時間その他の勤務
　条件に関し、人事委員会又は公平委員会に対して適当な措
　置が執られるべきことを要求することができない。

5　条件付採用期間中の職員は、職員団体又は労働組合を結成
　し、又はこれに加入することや、勤務条件に関し不満を表
　明し、又は意見を申し出ることができない。

【問14】 条件付採用期間中の職員の身分取扱い　　　　　正解：2

1：✕　条件付採用期間中の職員は、懲戒処分について審査請求をすることはできないが、懲戒処分の事由に関する規定は適用される。

2：〇　不利益処分に関する説明書の交付に関する規定は、条件付採用期間中の職員には適用がない（29条の2第1項1号）。

3：✕　条件付採用期間中の職員には、分限処分に関する規定及び行政不服審査法の規定の適用はないが（29条の2第1項1号）、行政事件訴訟法の適用はある。

4：✕　勤務条件に関する措置要求に関する規定は、条件付採用期間中の職員にも適用される。

5：✕　職員団体や勤務条件に関する不満又は意見に関する規定は、条件付採用期間中の職員にも適用される。

Point Check!

□①法令上の根拠なく、②法令に定められた事由によらず、③分限処分の手続及び効果に関する条例によることなく、その意に反して分限処分を行うことができる。

□分限について、条例で必要な事項を定めることができる。

□不利益処分について、①処分の事由を記載した説明書を交付されず、これを要求することもできず、②人事委員会・公平委員会に審査請求をすることができないが、③裁判所にその無効確認・取消しの訴訟を提起することはできる。

□①分限・懲戒は、公正でなければならないこと、②懲戒処分は、地方公務員法に定める事由によることは、他の職員と同じ。

□以上のほか、平等取扱いの原則の規定、成績主義の規定、勤務条件に関する措置要求の規定、職員団体に関する規定等の適用がある。

【問15】 会計年度任用職員 　　　重要度 ★★

■会計年度任用職員に関して、正しいものはどれか。

1 会計年度任用職員は、常時勤務を要する職に欠員を生じた場合において、緊急のとき、臨時の職に関するとき、又は採用候補者名簿がないときに限り、これを採用することができる。

2 会計年度任用職員の職には、1週間当たりの通常の勤務時間が常時勤務を要する職を占める職員のそれに比し短い時間である非常勤の職とこれが同一の時間である常勤の職がある。

3 会計年度任用職員の任期は、採用の日から同日の属する会計年度の末日までの期間の範囲内で任命権者が定め、その期間の範囲内であれば、繰り返し任期を更新することができる。

4 会計年度任用職員の採用は、競争試験又は選考以外の方法によることができ、人事委員会は、会計年度任用職員に採用される者の資格要件を定めることができる。

5 会計年度任用職員は、地方公務員法の分限処分の事由及び不利益処分についての審査請求に関する規定の適用がないが、人事委員会又は公平委員会に勤務条件に関する措置の要求をすることはできる。

【問15】 会計年度任用職員　　　　　　　　　　　　　　正解：3

1：✕　会計年度任用職員を採用できる場合について、記述のような制限はない（22条の2第1項）。

2：✕　会計年度任用職員の職は、非常勤の職であり、職務の内容や責任の程度は、任期の定めのない常勤の職と異なる（22条の2第1項）。

3：○　記述のとおり。ただし、採用・任期の更新に当たって、必要以上に短い任期を定めることにより、採用・任期の更新を反復して行うことのないよう配慮しなければならない（22条の2第6項）。

4：✕　会計年度任用職員の採用は、競争試験又は選考によらなければならない（22条の2第1項）。

5：✕　会計年度任用職員には、地方公務員法の分限処分の事由及び不利益処分についての審査請求に関する規定が適用される。

Point Check!

□会計年度任用職員とは、1会計年度を超えない範囲内で置かれる非常勤の職（短時間勤務の職を除く。）を占める職員で、1週間当たりの通常の勤務時間が常時勤務を要する職を占める職員のそれに比し①短時間であるもの及び②同一の時間であるものがある。

□採用は、競争試験又は選考による。

□任期は、採用の日から同日の属する会計年度の末日までの期間の範囲内で任命権者が定める。任命権者は、勤務実績を考慮した上で、その期間の範囲内において、任期を更新できる。

□任期は、採用・任期の更新の際に明示しなければならない。職務の遂行に必要かつ十分な任期を定めるものとする。

□条件付採用の期間は、1月。

□定年制及び退職管理に関する規定は適用されない。分限・懲戒、服務（営利企業への従事等の制限は①の職員を除く。）、不利益処分に関する審査請求、職員団体等に関する規定は、適用される。

【問16】 臨時的任用

重要度★★★

■臨時的任用に関して、正しいものはどれか。

1　人事委員会（競争試験及び選考を行う公平委員会を含む。以下同じ。）を置く地方公共団体においては、臨時の職に関する場合又は任用候補者名簿がない場合に限り、臨時的任用を行うことができる。

2　人事委員会を置く地方公共団体において臨時的任用を行うときは、臨時的に任用しようとする個々の者について人事委員会の承認を得なければならない。

3　臨時的任用は、6月を超えない期間で行い、その任用期間の更新をすることができるが、任用の期間が2年を超えることとなる場合は、更新することができない。

4　人事委員会を置く地方公共団体においては、人事委員会は、臨時的任用につき、任用される者の資格要件を定め、これに反する臨時的任用を取り消すことができる。

5　人事委員会を置かない地方公共団体においては、任命権者が地方公務員法の規定に反する期間の臨時的任用を行ったときは、公平委員会は、これを取り消すことができる。

【問16】 臨時的任用　　　　　　　　　　　　　　　　　正解：4

1：✕　記述の場合のほか、緊急の場合及び法律に定めがある場合に、臨時的任用を行うことができる（22条の3第1項）。

2：✕　人事委員会の承認は、対象となる個々の者についてではなく、対象となる職員の職についての承認と解されている。

3：✕　臨時的任用は、人事委員会の承認を得て、6月を超えない期間で更新することができるが、再度更新することはできない（22条の3第1項）。

4：○　記述のとおり（22条の3第2・3項）。

5：✕　公平委員会には、臨時的任用を取り消す権限はない。

Point Check!

□人事委員会（競争試験等を行う公平委員会を含む。）を置く地方公共団体は、人事委員会規則（公平委員会規則）で定めるところにより、常時勤務を要する職に欠員を生じた場合において、①緊急の場合、②臨時の職に関する場合、③任用候補者名簿・昇任候補者名簿がない場合で、人事委員会の承認を得たときに、臨時的任用を行える。この承認は、任用する職について行う。

□人事委員会は、任用される者の資格要件を定めることができ、違法な臨時的任用を取り消せる。

□臨時的任用の期間は、6月以内の期間。人事委員会の承認を得て、6月以内の期間で更新できるが、再度更新はできない。

□人事委員会を置かない地方公共団体は、地方公共団体の規則で定めるところにより、常時勤務を要する職に欠員を生じた場合において、①緊急の場合、②臨時の職に関する場合に、臨時的任用を行える。臨時的任用の期間は、6月以内の期間。6月以内の期間で更新できるが、再度更新はできない。

【問17】 臨時的任用職員の身分取扱い　　　　　重要度★★★

■臨時的任用職員の身分取扱いに関して、正しいものはどれか。

1　臨時的任用された者がその任用期間中に客観的な能力の実証がなされた場合には、正式任用のための競争試験又は選考において、適当な考慮が払われなければならない。

2　臨時的に任用された職員が定年に達したときは、任用期間中であっても、定年に達した日以後における最初の3月31日までの間において、条例で定める日に退職する。

3　臨時的任用職員がその職務を良好な成績で遂行したときは、その任用期間中に、上位の職制上の段階に属する職員の職に昇進させることができる。

4　臨時的任用職員には分限処分の事由に関する地方公務員法の規定の適用がないが、その分限については、条例で必要な事項を定めることができる。

5　臨時的任用職員に対する給与は、給料ではなく、報酬が支払われ、時間外勤務、夜間勤務又は休日勤務をした場合でもこれに対する給与は支払われない。

【問17】臨時的任用職員の身分取扱い　　　　　　　正解：4

1：✕　臨時的任用は、正式任用に際していかなる優先権をも与える
　ものではなく（22条の3第5項）、記述のような取扱いはできない。
2：✕　臨時的任用職員には、定年制の適用はない（28条の2第4項）。
3：✕　臨時的任用職員は、正式任用職員と異なり、昇任又は転任は
　あり得ず、異なる職に就けるには、新たに臨時的任用を行う。
4：〇　記述のとおり（29条の2第2項）。
5：✕　臨時的任用職員が常勤の場合には、給料が支払われ、時間外
　勤務、夜間勤務又は休日勤務をした場合には、これに対する手当が
　支給される（地自法204条1・2項）。

 *Point Check!*

□臨時的任用は、正式任用に際して、いかなる優先権をも与えるもの
　ではない。
□定年制の適用がないほか、自己啓発休業、育児休業等の休業、修学
　部分休業・高齢者部分休業の適用がない。
□昇任、降任又は転任は、その性質上ない。
□常勤の場合には給料及び手当、非常勤の場合には報酬が支払われる。
□上記のほか、分限、懲戒その他の身分取扱いは、条件付採用期間中
　の職員と同じ。

【問18】　育児休業・配偶者同行休業に伴う臨時的任用　　重要度　★

■育児休業又は配偶者同行休業に伴う臨時的任用に関して、正しいものはどれか。

1　職員から休業の申請があった場合に、職員の配置換え等の方法によってその職員の業務を処理することが著しく困難で、公務の運営に支障が生じる場合に限り、臨時的任用が認められる。

2　人事委員会を置く地方公共団体においては、人事委員会の承認を得て臨時的任用を行うことができ、人事委員会は、違法な臨時的任用を取り消すことができる。

3　臨時的任用の任期は、休業を申請した職員の当該申請に係る期間を限度とするが、当該期間が1年を超える場合には、1年を超えて行うことができない。

4　休業を申請した職員の当該休業が承認の取消しその他の事由により申請に係る期間の途中で終了した場合には、臨時的任用は、当然に終了する。

5　臨時的任用は、地方公務員の育児休業等に関する法律に基づく育児短時間勤務及び部分休業の申請をした職員の業務を処理するためにもすることができる。

【問18】 育児休業・配偶者同行休業に伴う臨時的任用　　　　正解：3

1：✕　臨時的任用は、職員の配置換えその他の方法によって休業を申請をした職員の業務を処理することが困難であると認めるときに認められる（26条の6第7項、地方公務員育休法6条1項）。

2：✕　人事委員会に、記述のような権限はない。

3：○　記述のとおり（26条の6第7項、地方公務員育休法6条1項）。

4：✕　任期を定めた採用である以上、その任期が満了する日まで勤務する。

5：✕　育児短時間勤務又は部分休業の申請をした職員の業務を処理するための臨時的任用は、規定されていない。

 *Point Check!*

□配偶者同行休業・育児休業の申請（延長の申請を含む。）があった場合に、その申請期間について職員の配置換えその他の方法によりその職員の業務を処理することが困難と認めるときは、条例で定める（育児休業の場合は不要）ところにより行うことができる（公立学校の女子教職員の出産の場合にも行うことができる。）。

□任用期間は、申請期間を限度。任用期間が申請期間に満たないときは、申請期間の範囲内で更新できる。ただし、1年を超えて任用することはできない。

□採用・任期の更新の際に、任期を明示しなければならない。

□任期を定めて採用した趣旨に反しない場合に限り、その任期中、他の職に任用することができる。

□正式任用に際していかなる優先権も与えるものではない等、身分取扱いは、通常の臨時的任用と同様である。

【問19】 任期付職員の採用 （1） 　　　　　　　重要度 ★

■**任期付職員の採用（臨時的任用、会計年度任用職員の採用及び定年前再任用短時間勤務職員の採用を除く。）に関して、正しいものはどれか。**

1　任期付職員の採用については、地方公務員法に配偶者同行休業に伴う任期付採用が定められているほか、任期付職員法のみに定められている。

2　地方公共団体においては、任期の定めのない常時勤務を要する職を占める職員を中心に公務が運営されており、その例外である任期付職員の職は、全て非常勤の職である。

3　任命権者は、高度の専門的な知識経験又は優れた識見を有する者を地方公共団体の業務に従事させる場合には、条例で定めるところにより、選考により任期付職員を採用することができる。

4　任命権者は、専門的な知識経験を有する者を当該専門的な知識経験が必要とされる業務に従事させる場合には、条例で定めるところにより、選考により任期付職員を採用することができる。

5　任期の定めのない職員を一定期間内に終了することが見込まれる業務に係る職に任用する場合に、期間を限って職員をその業務以外の業務に従事させることが必要なときは、任期付職員を採用することができる。

【問19】 任期付職員の採用（1）　　　　　　　　　　　　正解：5

1：✕　任期付研究員法、地方公務員育休法等にも定めがある。

2：✕　任期付職員の職は、短時間勤務職員の職及び会計年度任用職員の職を除き、常時勤務を要する職である。

3：✕　その者が有する当該高度の専門的な知識経験又は優れた識見を一定の期間活用して遂行することが特に必要とされる業務に従事させる場合でなければならない（任期付職員法3条1項）。

4：✕　記述の要件に加え、当該専門的な知識経験を有する職員の育成に相当の期間を要するため部内での確保が一定期間困難である場合等の要件が必要である（任期付職員法3条2項）。

5：○　記述のとおり（任期付職員法4条2項）。

Point Check!

□任期付職員法では、条例に定めるところにより、①特定任期付職員（高度の専門的知識経験・優れた識見を有する者をそれを一定期間活用することが特に必要な業務に従事させる場合）を選考で、②一般任期付職員（専門的知識経験を有する者をそれが必要な業務に従事させる場合に、職員の育成に相当期間を要するため部内での確保が一定期間困難な場合、専門的知識経験の有効活用が一定期間に限られる場合又は条例で定めるこれらに準ずる場合）を選考で、③4条任期付職員（その職員又はそれ以外の職員を一定の期間内に終了見込みの業務又は一定期間内に限り業務量が増加見込みの業務に従事させる場合）を、採用できる。採用の趣旨に反しない限り、その職員を他の職に任用できる。

□①・②は、任期5年以内で、人事委員会（競争試験等を行う公平委員会を含む。）の承認が必要。③は、任期3年（条例で定める場合は5年）以内。任期の限度内で任期を更新できる。

【問20】 任期付職員の採用 （2）　　　重要度　★

■**任期付職員の採用（臨時的任用、会計年度任用職員の採用及び定年前再任用短時間勤務職員の採用を除く。）に関して、正しいものはどれか。**

1　任期付職員の採用は、年齢や性別にかかわりなく均等な機会を与えるとともに、競争試験又は選考によって客観的な能力の実証を行う必要がある。

2　任期付職員に対する給与として、報酬を支給するほか、時間外又は休日の勤務については手当を支給しなければならないが、その他の手当は、支給することができない。

3　任命権者は、育児休業の申請があった場合に、その業務を処理するため、その申請期間を限度として、1年を超えない範囲で任期を定めて職員を採用することができる。

4　任命権者は、配偶者同行休業の申請に係る職員の業務を処理するために任期付職員を採用したときは、その任期中に他の職に任用することはできない。

5　試験研究機関において職員を専門的な知識経験を必要とする研究業務に従事させる場合には、任期を定めて職員を採用することができる。

【問20】 任期付職員の採用 （2） 正解：1

1：○ 記述のとおり（13条、17条の2第1・2項）。
2：✕ 任期付職員（短時間勤務職員を除く。）は、常勤であり、給料を支給するほか、各種の手当の支給対象となる（地自法204条1・2項）。
3：✕ 任期付職員の任期は、1年を超えて定めることもできる（地方公務員育休法6条1項）。
4：✕ 任期を定めて採用した趣旨に反しない場合に限り、その任期中、他の職に任用することができる（26条の6第9項）。
5：✕ 研究業務に従事する職員に一般的に任期付採用が認められるわけではない（任期付研究員法3条）。

 Point Check!

□任期付職員（短時間勤務職員を除く。）は、常時勤務を要する職で、任期以外の採用、勤務条件、分限・懲戒等の身分取扱いは、任期の定めのない職員と同じ。
□配偶者同行休業・育児休業の申請（延長の申請を含む。）があった場合に、その申請期間について職員の配置換えその他の方法によりその職員の業務を処理することが困難と認めるときは、条例で定める（育児休業の場合は不要）ところにより採用できる。
□任用期間は、申請期間を限度。任用期間が申請期間に満たないときは、申請期間の範囲内で更新できる。
□任期を定めて採用した趣旨に反しない場合に限り、その任期中、他の職に任用することができる。
□任期付研究員法では、任期付研究員は、①特定の研究分野の特に優れた研究者と認められている者を招へいして、高度の専門的知識経験を必要とする研究業務に従事させる場合、②独立して研究する能力があり、研究者として高い資質を有する者を、特定の研究分野の先導的役割を担う有為な研究者となるために必要な能力の涵養に資する研究業務に従事させる場合に、採用できる。

【問21】 短時間勤務職員の採用

重要度　★

■短時間勤務職員の採用（定年前再任用短時間勤務職員の採用を除く。）に関して、正しいものはどれか。

1　短時間勤務職員とは、１週間当たりの通常の勤務時間が常時勤務を要する職を占める職員に比して短い職員で、その職務が常時勤務を要する職とは異なる補助的又は代替的なものである者をいう。

2　短時間勤務職員は、非常勤の職員であるから、その採用は条件付とはならず、また、競争試験又は選考によることなく採用することができ、定年制の適用もない。

3　短時間勤務職員は、非常勤の職員であるが、その給与は、報酬ではなく、給料及び各種の手当が支給され、また、再就職者による依頼等の規制その他の退職管理の規定の適用を受ける。

4　短時間勤務職員は、住民に対して職員により直接提供されるサービスの提供時間を延長する場合その他の条例で定める場合は、任期を定めないで任用することができる。

5　短時間勤務職員は、その任期中、短時間勤務職員が従事することができる業務に係る職でその採用時に占めていたものに従事し、その職以外の職に任用することはできない。

【問21】 短時間勤務職員の採用 　　　　　　　　　　　　正解：3

1：✕　短時間勤務職員は、その職務と責任が常時勤務を要する職と同種のものである職を占める職員であり（28条の5第1項、任期付職員法2条2項）、補助的又は代替的な業務を行う職ではない。

2：✕　短時間勤務職員は、採用は、条件付となり（任期付職員法9条1項、地方公務員育休法18条6項）、競争試験又は選考によらなければならないが、定年制の適用はない（28条の2第4項）。

3：〇　記述のとおり（38条の2第1項、地自法204条1項）。

4：✕　短時間勤務職員は、全て任期を定めて採用する（任期付職員法5条、地方公務員育休法18条1項）。

5：✕　任期を定めて採用した趣旨に反しない場合に限り、その任期中、他の短時間勤務の職に任用することができる（任期付職員法8条2項、地方公務員育休法18条5項）。

Point Check!

□短時間勤務の職は、常勤職と同種の職で、1週間当たりの通常の勤務時間がその同種の常勤職の職員に比し短時間の職。条例で定めるところにより採用できる。採用は、条件付採用。定年はない。

□①一定期間内に終了又は業務量が増加の見込みの業務、②住民に直接提供されるサービスの時間延長・繁忙時の提供体制の充実又はこれらの維持のための業務、③職員が修学部分休業・高齢者部分休業、介護休業又は育児部分休業の承認等を受け勤務しない時間のその業務、④職員が育児短時間勤務・その延長の承認を受けて勤務しない時間のその業務に従事するために採用できる。採用の趣旨に反しない場合に限り、他の職に任用できる。

□任期は、3年（条例で特に定める場合は5年。④は育児短時間勤務・その延長の期間）を限度に任命権者が定め、その限度内で更新できる。

【問22】 離職

重要度　★

■**職員の離職に関して、正しいものはどれか。**

1　離職とは、職員がその身分を失うことをいい、何らかの処分によることなく離職することである失職と、行政処分に基づいて離職することである免職とに区分される。

2　職員が辞職願を提出し、これが任命権者によって受理された場合には、当該職員は、任命権者の何らの処分を経ることなく、当然に離職する。

3　職員が禁錮以上の刑に処せられ、それが確定したときは、当該職員は、条例に特別の定めがある場合を除き、何らの処分を経ることなく、当然に離職する。

4　職員が定年に達した場合は、当該職員は、その日以後の最初の３月31日までの間で条例で定める日に、任命権者の退職処分を経て離職する。

5　条例で定める年齢に達した日以後に退職した者が任期を定めて短時間勤務の職に採用された場合であって、その任期を満了したときは、任命権者の退職処分を経て離職する。

【問22】 離職   正解：3

1：✕　行政処分に基づいて離職することは、退職であり、そのうち、職員の意思に反するものが、免職である。

2：✕　職員が辞職願を提出して受理された場合であっても、当然に離職するわけではなく、任命権者による退職発令が必要である。

3：〇　欠格事由に該当したときは、何らの処分を経ることなく、当然にその職を失う（28条4項）。

4：✕　定年に達した職員は、条例で定める日に何らの処分なく当然に退職する（28条の2第1項）。「退職」と規定されているが、法的性質は、欠格事由に該当した場合と同じく、失職である。

5：✕　任期の定めのある職員がその任期を満了したときは、何らの処分なく当然に退職する。

Point Check!

□離職とは、職員がその身分を失うことをいう。
□離職には、次の区分がある。
　①退職　何らかの処分による離職
　　・辞職　職員の意思に基づく退職
　　・免職　職員の意思に反する退職（分限免職、懲戒免職）
　②失職　処分に基づかない離職
　　・欠格事由に該当した場合
　　・定年に達した場合（定年退職日に退職）
　　・任期の定めのある職員が任期を満了した場合
　　・公職選挙法に基づいて職を辞したとみなされる場合

【問23】 定年　　　　　　　　　　　　　重要度　★★

■定年に関して、正しいものはどれか。

1　地方公共団体は、条例で定年を定めることができ、これを定めた場合において、職員が定年に達したときは、その日以後における最初の3月31日までの間において、条例で定める日に退職する。

2　定年制は、職員に定年までの勤務を保障することにより、職員の利益を保護することを目的とする制度であるから、任命権者が勧奨により職員を退職させることは、定年制と矛盾する。

3　定年は、国の職員につき定められている定年を基準として定めるものとされており、定年の特例についても、国の職員の定年の特例を基準として定める必要がある。

4　定年制は、臨時的に任用される職員その他の法律により任期を定めて任用された職員及び非常勤職員には適用されないが、短時間勤務の職を占めるには適用される。

5　職員が定年に達したことにより退職すべき場合でも一定の事由があるときは、引き続いて勤務させることができる場合があるが、異動期間を延長して定年退職日に管理監督職である職員は、除かれる。

【問23】定年　　　　　　　　　　　　　　　　　　　　　正解：3

1：✕　定年は、条例で定めることができる任意的な制度ではなく、全ての地方公共団体に適用される（28条の6第1項）。

2：✕　定年制であっても、職員数の削減の必要等の事情により勧奨による退職を行うことが許されないわけではない。

3：○　記述のとおり（28条の6第2項・附則21項）。

4：✕　短時間勤務の職を占める職員は、非常勤職員であり（22条の4第1項）、定年制が適用されない（28条の4）。

5：✕　異動期間を延長して定年退職日に管理監督職である職員についても定年退職の特例が認められる場合がある（28条の7第1項）。

Point Check!

□職員が定年に達したときは、定年に達した日以後の最初の3月31日までの間で条例で定める日に、自動的に退職する。

□定年は、国の職員の定年を基準として条例で定める（令和5年4月1日〜13年3月31日の間は、国の職員の定年の特例を基準として条例で特例を定める。）。職務と責任の特殊性又は欠員補充の困難により、これが実情に即さないときは、その職員の定年につき条例で別の定め（令和5年4月1日〜13年3月31日の間は、その特例を定めること）ができる。

□定年制は、①臨時的任用職員等の法律で任期を定めて任用される職員、②非常勤職員（短時間勤務職員を含む。）には適用がない。

□職務の特殊性又は職務の遂行上の特別の事情からみて、その職員の定年退職により公務の運営に著しい支障が生ずる事由として条例で定める事由があるときは、条例で定めるところにより、定年退職日の翌日から1年以内で期限を定め（1年以内で延長し、最長3年）、引き続いて勤務させられる。異動期間（延長した期間を含む。）の延長（特定管理監督職群に属することによる延長は対象外）により定年退職日に管理監督職である職員の期限は、異動期間の末日の翌日から3年以内とする。

【問24】 定年前再任用短時間勤務職員の任用 （重要度 ★★）

■定年前再任用短時間勤務職員の任用に関して、正しいもの
　はどれか。

1　任命権者は、条例年齢以上退職者の退職により公務の運営
　に著しい支障が生ずると認められるときに限り、その者を
　定年前再任用短時間勤務職員に採用することができる。

2　定年前再任用短時間勤務職員の採用は、1年を超えない範
　囲内で任期を定めて行い、また、条例で定めるところによ
　り、1年を超えない範囲内でその任期を更新することがで
　きる。

3　任命権者は、定年前再任用短時間勤務職員を、その勤務実
　績に応じて、常時勤務を要する職に昇任し、降任し、又は
　転任することができる。

4　地方公共団体の組合を組織する地方公共団体の任命権者
　は、その地方公共団体が組織する地方公共団体の組合の条
　例年齢以上退職者を、定年前再任用短時間勤務職員として
　採用することができる。

5　職員が条例年齢以上退職者となった後その地方公共団体に
　定年前再任用短時間勤務職員として採用されたときは、そ
　の条例年齢以上退職者となる前に在職した期間中の行為に
　ついて懲戒処分を受けることはない。

【問24】定年前再任用短時間勤務職員の任用　　　　　　正解：4

1：✘　公務運営の必要性は要件ではなく、従前の勤務実績その他の情報に基づく選考により、採用する（22条の4第1項）。

2：✘　任期は、採用の日からその職に係る定年退職日相当日までである（22条の4第3項）。

3：✘　常時勤務の職への昇任、降任又は転任はできない（22条の4第5項）。

4：○　記述のとおり（22条の5第1項）。

5：✘　条例年齢以上退職者となる前の行為も、懲戒処分の対象となる（29条3項）。

Point Check!

□採用の対象は、その地方公共団体の条例年齢以上退職者（条例で定める年齢（国の職員の年齢を基準に定める。）に達した日以後に退職をした者。臨時的任用職員その他の法律による任期付き職員・非常勤職員の退職者を除く。）

□従前の勤務実績その他の人事委員会規則・地方公共団体の規則で定める情報に基づく選考により、短時間勤務の職に採用する。ただし、その職に係る定年退職日相当日（職務が同種の常時勤務職の定年退職日）を経過していないことが必要。任期は、採用の日から定年退職日相当日まで。採用には、条件付採用の規定を適用しない。

□常時勤務職への昇任、降任又は転任はできない。

□条例年齢以上退職者となる前又はかつて定年前再任用短時間勤務職員であったときの非違行為は、採用後も懲戒処分の対象となる。

□地方公共団体の組合とこれを組織する地方公共団体の任命権者は、相互に定年前再任用短時間勤務職員の採用ができる。

□定年退職者等の再任用の規定は廃止され、経過措置として存続。

【問25】 管理監督職勤務上限年齢による降任等 　重要度 ★★

■管理監督職勤務上限年齢による降任等に関して、正しいものはどれか。

1　任命権者は、管理監督職を占める職員がその管理監督職に係る管理監督職勤務上限年齢に達したときは、その日に管理監督職以外の職に降任又は転任させなければならない。

2　管理監督職勤務上限年齢は条例で定めなければならず、この条例を定めるに当たっては、国及び他の地方公共団体の職員との間に権衡を失しないように考慮しなければならない。

3　任命権者は、新たに管理監督職に採用し又は昇任させる場合には、その職に係る管理監督職勤務上限年齢に達している者であっても、これを行うことができる。

4　任命権者は、管理監督職勤務上限年齢に達した職員について、降任等により公務の運営に著しい支障が生ずる事由があると認めるときは、当該事由が存続する間は引き続きその職を占めたまま勤務させることができる。

5　管理監督職勤務上限年齢による降任等の規定は、臨時的に任用される職員その他の法律により任期を定めて任用される職員についても適用される。

【問25】 管理監督職勤務上限年齢による降任等　　　　　　　正解：2

1：**✗**　管理監督職勤務上限年齢に達した日の翌日から同日以後の最初の4月1日までの間（異動期間）に降任又は転任させなければならない（28条の2第1項）。

2：**○**　記述のとおり（28条の2第2・3項）。

3：**✗**　記述の者をその管理監督職の異動期間の末日の翌日以後に採用し、昇任し、降任し、又は転任することはできない（28条の3）。

4：**✗**　引き続き勤務させることができるのは、異動期間の末日から、原則として1年以内の期間である（28条の5第2項）。

5：**✗**　記述の職員には適用されない（28条の4）。

Point Check!

□任命権者は、管理監督職（管理職手当を支給される職員の職とこれに準ずる職で条例で定める職）の職員（任期付きの職員を除く。）で条例で定める管理監督職勤務上限年齢に達している職員について、異動期間に、他の職（管理監督職以外の職又は管理監督職勤務上限年齢がその職員の年齢を超える管理監督職）への降任等（降任又は降給を伴う転任）をする。

□任命権者は、管理監督職の職員について、降任等により公務の運営に著しい支障が生じるとして条例で定める事由があるときは、異動期間の末日の翌日から1年以内の期間（期間内に定年退職日があるときは、定年退職日まで）で異動期間を延長し（3年を限度）、その管理監督職のまま勤務させることができる。このほか、特定管理監督職群（職務内容が類似する複数の特別の事情がある管理監督職で、人事委員会規則・地方公共団体の規則で定めるもの）に属する管理監督職の職員について、条例で定める事由があるときは、1年以内の期間（延長が可能）で異動期間を延長し、その管理監督職のまま勤務させ、又は同じ特定管理監督職群の他の管理監督職への降任・転任ができる。

【問26】 退職管理 （1）

■退職管理に関して、正しいものはどれか。

1　退職管理の規定の適用を受ける再就職者は、職員（臨時的任用職員、条件付採用期間中の職員及び非常勤職員を除く。）であった者で、離職後に営利企業の地位に就いている者である。

2　退職管理の規定の適用があるのは、地方公共団体又は特定地方独立行政法人と営利企業若しくはその子法人との間で締結される売買、貸借、請負その他の契約に関する事務に限られている。

3　退職管理の規定の適用があるのは、職員であった者の離職前5年間の職務に属する事務であり、当該事務に関する現職職員への働きかけは、期間の制限なく一切禁止されている。

4　地方公共団体の長の直近下位の内部組織の長の職に就いていた再就職者は、離職前5年より前に直近下位の内部組織の長の職に就いていたときの職務に関する現職職員への働きかけも禁止される。

5　国の部課長級相当職に就いていた再就職者は、離職前5年より前に国の部課長級相当職に就いていたときの職務に関する現職職員への働きかけが、期間の制限なく禁止される。

【問26】退職管理（1）   正解：4

1：✗　非常勤職員のうち短時間勤務職員であった者は、適用を受ける。また、営利企業以外の法人でも国、地方公共団体等を除くものの地位に就いている者は、適用を受ける（38条の2第1項）。

2：✗　記述の者に対する処分に関する事務も対象となる。

3：✗　離職後2年間（在職中に自らが決定した契約・処分に関するものは期間の制限はない。）である（38条の2第1・5項）。

4：○　記述のとおり（38条の2第4項）。

5：✗　条例で定めた場合、禁止されるのは、離職後2年間である（38条の2第8項）。

□①臨時的任用職員、②条件付採用期間中の職員及び非常勤職員（短時間勤務職員を除く。）以外の職員であった者が対象。

□離職後、①営利企業、②①以外の法人（国、国際機関、地方公共団体、行政執行法人及び特定地方独立行政法人を除く。）の地位に就いている者（退職手当通算法人の地位に就いている一定の者等を除く。）が対象。

□①営利企業等・その子法人との間で締結される契約に関する事務、②営利企業等・その子法人に対する処分に関する事務が対象。

□禁止されるのは、①離職前5年間の職務に関し、離職後2年間、働きかけ（現役職員に職務上の行為をし、又はしないように要求・依頼する行為）、②自らが最終決裁権者となった契約・処分に関し、働きかけ（期間の制限なし。）、③地方公共団体の長の直近下位の内部組織の長の職（準ずる職を含む。）に就いていた者が、離職前5年より前に直近下位の内部組織の長の職に就いていたときの職務に関し、離職後2年間、働きかけ、④（条例で定める場合）国の部課長級相当職に就いていた者が、離職前5年より前に国の部課長級相当職に就いていたときの職務に関し、離職後2年間、働きかけ。

【問27】 退職管理 （2）　　　　　　　　　　　重要度　★

■退職管理に関して、正しいものはどれか。

1　再就職者は、地方公共団体が実施する指名競争入札の手続に従い、売買、貸借、請負その他の契約を締結するために必要な場合には、現職職員への働きかけが禁止されない。

2　再就職者は、公にすることが予定されている情報の提供を求める場合であっても、公にすることが予定されている日より前に開示するよう求めるときは、現職職員への働きかけが禁止される。

3　職員は、再就職者から、禁止されている働きかけを受けたときは、その旨を任命権者に届け出なければならず、これを怠ったときは、過料の制裁を受けることがある。

4　任命権者は、再就職者による現職職員への働きかけの禁止に違反する行為があると思料するときは、人事委員会又は公平委員会に対し、当該違反行為に関する調査を行うよう求めることができる。

5　人事委員会及び公平委員会は、毎年、再就職者による現職職員への働きかけの禁止に違反する行為の状況について、地方公共団体の議会及び長に報告しなければならない。

【問27】 退職管理（2）　　　　　　　　　　　　　　　　　　正解：2

1：✕　一般競争入札と異なり、禁止されている（38条の2第6項4号）。

2：〇　記述のとおり（38条の2第6項5号）。

3：✕　人事委員会・公平委員会に届け出る義務があり、その違反に罰則はなく、懲戒処分の対象となる（38条の2第7項）。

4：✕　人事委員会又は公平委員会が任命権者に調査を行うように求めることができる（38条の5第1項）。

5：✕　記述のような規定はない。

Point Check!

□再就職者による依頼等の規制は、①行政庁から指定等又は委託を受けた者が行う行政上の事務に必要な場合、地方公共団体等の事務事業と密接な関連がある業務に必要な場合、②法令・地方公共団体等との契約に基づき権利の行使又は義務の履行をする場合、処分で課された義務の履行の場合等、③法令に基づく申請・届出を行う場合、④一般競争入札等による契約を締結するために必要な場合、⑤法令又は慣行により公開（予定を含む。）されている情報の提供を求める場合、⑥人事委員会規則で定める場合に人事委員会規則で定める手続により任命権者の承認を得て行う場合には、適用されない。

□職員は、再就職者から禁止される働きかけを受けたときは、人事委員会・公平委員会に届け出る義務がある（その違反に罰則はない。）。

□任命権者は、①職員・再就職者の規制違反行為の疑いを把握したとき、②規制違反行為の調査を行おうとするとき、③その調査が終了したときは、人事委員会・公平委員会に報告（通知）する。

□人事委員会・公平委員会は、①規制違反行為があると思料するときに、任命権者に対して調査を行うよう求めること、②任命権者の調査の経過について、報告を求め又は意見を述べることができる。

【問28】 退職管理 （3）

重要度 ★

■退職管理に関して、正しいものはどれか。

1 職員は、営利企業等のうち当該職員の職務に利害関係を有するものに対し、離職後に当該利害関係企業等の地位に就くことを要求し、又は約束することが禁止されている。

2 職員は、国家公務員と異なり、営利企業等に対し他の職員をその離職後に当該営利企業等の地位に就かせることを目的としてその情報を提供する等の行為が禁止されることはない。

3 地方公共団体は、条例で、職員であった者が一定の法人の地位に就こうとし又は就いた場合に届出を義務付け、その違反に10万円以下の過料を科する旨の規定を設けることができる。

4 再就職者による依頼等の規制の規定に違反して、現役職員に働きかけをした場合であっても、それが不正な行為をするように働きかけるものでない限り、罰則の適用はない。

5 職務上不正な行為をすることに関し、営利企業等に対し、離職後に当該営利企業等の地位に就くことを要求し、又は約束した職員は、実際にその地位に就いたときに罰則が適用される。

【問28】 退職管理 (3)   正解：3

1：✗　記述は、国家公務員法の規定であり、地方公共団体がこれを
勘案して必要と認める場合に措置を講ずる（38条の6第1項）。

2：✗　記述の行為は、地方公共団体が記述の国家公務員法の規定を
勘案して措置を講じた場合には、禁止される（38条の6第1項）。

3：○　記述のとおり（38条の6第2項、65条）。

4：✗　不正な行為の働きかけでない場合は10万円以下の過料に処す
旨の罰則がある（64条）。

5：✗　記述の要求又は約束をした場合に罰則が適用される（63条1
号）。

Point Check!

□地方公共団体は、国家公務員法の退職管理の規定（①再就職状況の
公表、②職員が他の職員又は元職員の再就職をあっせんすることの
規制、③職員が在職中に自らの職務と利害関係のある企業等に求職
活動することの規制等）の趣旨及び職員の再就職状況を勘案して、
退職管理の適正確保に必要な措置を講ずる。

□地方公共団体は、条例で、再就職者に対し再就職情報の届出を義務
付けること（対象者、義務付ける場合・期間、届出事項等は条例で
定める。）ができ、違反に対して、条例で過料を科すことができる。

□①働きかけをした再就職者（②を除く。）には、10万円以下の過料。

□②不正行為を働きかけた再就職者及び③その働きかけに応じて不正
行為等をした職員には、1年以下の懲役又は50万円以下の罰金。

□④不正行為等の見返りとして、営利企業等に対して、自らが当該営
利企業の地位に就くこと又は他の職員・元職員を当該営利企業等の
地位に就かせることを要求・依頼をした職員、⑤他の役職員に対す
る不正行為等の要求、依頼又は唆しの見返りとして④の要求・依頼
をした行為をした職員、⑥⑤の要求、依頼又は唆しを受けて情を
知って不正行為等をした職員には、3年以下の懲役。

【問29】 人事評価 重要度 ★★

■人事評価に関して、正しいものはどれか。

1 人事評価とは、職員がその職務を遂行するに当たり発揮した能力及び挙げた業績を把握した上で行われる勤務成績の評価をいう。

2 人事評価の対象は、職員であるが、臨時的任用職員その他の法律により任期を定めて任用される職員及び非常勤職員は、これに含まれない。

3 任命権者は、職員の執務について、定期に人事評価を行うとともに、必要があると認めるときはいつでも人事評価を行うことができる。

4 人事評価の基準及び方法に関する事項は、人事委員会（競争試験等を行う公平委員会を含む。）を置く地方公共団体は人事委員会が、その他の地方公共団体は任命権者が定める。

5 任命権者は、人事評価の結果を、任用、給与その他の人事管理の基礎として活用するものとされているが、降任その他の分限の基礎として用いることはできない。

【問29】人事評価　　　　　　　　　　　　　　　　正解：1

1：〇　人事評価は、能力評価と業績評価の両面から行う（6条）。
2：✕　人事評価の対象は、全ての職員である（23条の2第1項）。
3：✕　人事評価は、定期的に行わなければならない（23条の2第1
項）。
4：✕　人事評価の基準及び方法に関する事項その他人事評価に関し
必要な事項は、任命権者が定める（23条の2第2項）。
5：✕　降任又は免職の分限処分の基礎として用いることもできる
（21条の5第1項、28条1項1号）。

Point Check!

□人事評価とは、任用、給与、分限等の人事管理の基礎とするために、
職員がその職務を遂行するに当たり発揮した能力及び挙げた業績を
把握した上で行われる勤務成績の評価をいう。
□人事評価は、公正に行われなければならない。
□任命権者は、職員の執務について、定期的に人事評価を行い、その
結果に応じた措置を講じなければならない。
□人事評価の基準及び方法に関する事項等、人事評価に関し必要な事
項は、任命権者が定める。任命権者が地方公共団体の長及び議会の
議長以外の者であるときは、あらかじめ、地方公共団体の長に協議
して定める。
□人事委員会は、人事評価の実施に関し、任命権者に勧告することが
できる。

【問30】 研修

■研修に関して、正しいものはどれか。

1 職員には、研修を受ける機会が与えられなければならないが、任命権者は、職員に対し、研修を受けることを義務付けることはできない。

2 研修は、職員の勤務能率の発揮及び増進を目的としており、一般教養の習得のように、これを直接の目的としないものは、研修に当たらない。

3 職員がその自発的な意思で大学その他の教育施設において修学し、任命権者が職員の公務に関する能力の向上に資するとして部分休業を認めたものは、研修に当たる。

4 任命権者は、職員の研修の目標、研修に関する計画の指針となるべき事項その他研修に関する基本的な方針を定めなければならない。

5 人事委員会は、研修について研究を行うほか、研修に関する計画の立案その他研修の方法について任命権者に勧告することができる。

【問30】 研修　　　　　　　　　　　　　　　　　　　　　正解：5

1：✕　任命権者が職務命令により研修に参加させる場合には、これ
を受けることは職員の義務である。
2：✕　直接に勤務能率の維持増進に寄与しなくても、長期的には勤
務能率の向上に役立つものは、地方公務員法上の研修である。
3：✕　地方公務員法上の研修は、他律的な能力開発としての研修で
あり、職員が自発的意思で修学することは、地方公務員法上の研修
ではない。
4：✕　地方公共団体が記述の基本的な方針を定めることとされてい
る（39条3項）。
5：○　記述のとおり（8条1項2号、39条4項）。

Point Check!

□研修とは、職員の勤務能率の発揮及び増進を目的とする教育又は訓
練をいう。
□研修は、任命権者が職員に対して行う。自ら実施せず、委託したり、
教育機関において行うこともできる。
□職員には、研修を受ける機会が与えられなければならない。
□地方公共団体は、研修の目標、研修に関する計画の指針となるべき
事項その他研修に関する基本的な方針を定める。
□人事委員会は、研修に関する計画の立案その他研修の方法について
任命権者に勧告できる。また、研修について絶えず研究を行い、そ
の成果を地方公共団体の議会・長又は任命権者に提出できる。

【問31】 服務の根本基準

■服務の根本基準に関して、正しいものはどれか。

1 服務は、職員がその職務を遂行するに当たって従うべき義務であり、職員が職務に服していない場合や既に退職した場合には、服務の規定の適用はない。

2 服務の根本基準の1つは、全て職員は、地方公務員法の適用について平等に取り扱われなければならず、人種、信条、性別等によって差別されないとするものである。

3 服務の根本基準の1つは、職員は、職務の遂行に当たって全力を挙げてこれに専念しなければならないとするもので、これは条例で定める場合には免除される。

4 服務の根本基準の1つは、全て職員は、全体の奉仕者であるとするもので、この地位を安定したものとするために、職員は、法律上その身分が保障されている。

5 服務の根本基準の規定は、職員の職務に当たっての具体的な義務を定めたものであるから、これに違反すると懲戒処分の対象となる。

【問31】 服務の根本基準　　　　　　　　　　　　　　　正解： 4

1 ： ✖　信用失墜行為の禁止、政治的行為の制限等の規定は、職務に
従事していない場合にも適用され、秘密を守る義務の規定は、退職
後にも適用される（33条、34条、36条）。

2 ： ✖　記述は、平等取扱いの原則であり、服務の根本基準ではない
（13条）。

3 ： ✖　服務の根本基準としての職務専念義務は、具体的な職務専念
義務の規定（35条）と異なり、服務全体を通じる基本原則として規
定されており、条例による免除はない。

4 ： ⭕　記述のとおり（30条）。

5 ： ✖　服務の根本基準は、精神的・倫理的規定であり、この規定に
違反することによる懲戒処分はないと解されている。

 Point Check!

□服務とは、職員がその職務に服するについての在り方ないしは職員
としての地位に基づく在り方をいう。

□服務の根本基準は、全て職員は、①全体の奉仕者として公共の利益
のために勤務し、かつ、②職務の遂行に当たっては、全力を挙げて
これに専念しなければならないということ。

□服務の根本基準は、職員に対する精神的・倫理的規定であり、これ
に基づく具体的な義務規定は、別に規定されている。

【問32】 服務の宣誓

■服務の宣誓に関して、正しいものはどれか。

1 服務の宣誓は、職員として採用されるに当たって職員が服務上の義務を負うことを受諾する行為であり、宣誓を行わなかった者を公務員に任命することはできない。

2 服務の宣誓は、職員が職員としての服務上の義務を負うことを確認し、宣言する事実上の行為であり、宣誓によって何らかの法的な効果が生じるものではない。

3 服務の宣誓は、職員が職員としての服務上の義務を負うことを受諾する行為であり、これを行った後でなければ服務の規定に基づく義務は生じない。

4 服務の宣誓は、職員が全体の奉仕者として誠実かつ公正に職務を執行することを宣言する行為であり、宣言の具体的な内容は、任命権者が定める。

5 服務の宣誓は、これを行う者が、任命権者又は任命権者の定める上級の公務員の面前において、文書に署名し、これを読み上げて行わなければならない。

【問32】 服務の宣誓　　　　　　　　　　　　　　　　　正解： 2

1 ：✕　職員としての身分は、採用によって付与されており、宣誓を
　　行わないことは、職務上の義務違反となるに過ぎない。
2 ：〇　服務の宣誓は、職員の倫理的自覚を促すことを目的とする制
　　度である。
3 ：✕　職員の服務上の義務は、職員として採用されたことによって
　　当然に生じる。
4 ：✕　服務の宣誓は、条例の定めるところによりしなければならず
　　（31条）、宣誓の内容は、条例で定める。
5 ：✕　服務の宣誓は、条例の定めるところによりしなければならず
　　（31条）、宣誓の方法は、条例で定める。

Point Check!

□職員は、服務の宣誓をしなければならない。
□宣誓の内容、方法等は、条例で定める。
□服務の宣誓は、服務上の義務に従うことの自覚を促す趣旨の事実上
　の行為であり、服務上の義務は、採用されることで当然に生じる。
□服務の宣誓は、職員の義務であり、その責めに帰すべき事由により
　これを行わない場合は、懲戒処分の対象となる。

【問33】 法令等に従う義務　　　　　　　重要度★★★

■**法令等に従う義務に関して、正しいものはどれか。**

1　法令等に従う義務は、職員が全体の奉仕者としての地位に
　　あることから、職務の内外を問わず、法令等に従うべき義
　　務があるとするものである。

2　法令等に従う義務における法令等とは、職員がその職務の
　　遂行に当たって定められている法令等のみならず、職員が
　　市民として遵守すべき法令等を含む。

3　法令等に従う義務は、国の法律上の義務であり、法令等と
　　は、法律及び政令、府省令その他の国の機関が定める規程
　　をいう。

4　法令等に従う義務における法令は、法規範としての性質を
　　有するものをいい、法令の解釈、運用や行政執行の方針を
　　示す通達や通知は、これに含まれない。

5　法令等に従う義務は、法治主義の原理に基づくもので、法
　　令等に違反した者は、その法令等の違反自体による責任を
　　負い、この義務の違反として責任を負うのではない。

【問33】法令等に従う義務 　　　　　　　　　　　　　　　　正解：4

1：✕　法令等に従う義務は、職員がその職務を遂行するに当たって
負う義務である（32条）。

2：✕　法令等は、職員がその職務の遂行に当たって定められている
法令等をいう。市民として遵守すべき法令に違反した場合は、信用
失墜行為の禁止（33条）の違反や全体の奉仕者たるにふさわしくな
い非行（29条1項3号）に該当する場合がある。

3：✕　法令等に従う義務は、法令、条例、地方公共団体の規則及び
地方公共団体の機関の定める規程に従う義務である（32条）。

4：○　通達や通知は、法令ではない。

5：✕　法令等に従う義務は、地方公務員法の義務であり、その違反
は、地方公務員法違反として懲戒処分の対象となる（29条1項1号）。

Point Check!

□法令等に従う義務とは、職員がその職務を遂行するに当たって、法
令、条例、地方公共団体の規則及び地方公共団体の定める規程に従
わなければならない義務をいう。

□職務の遂行と関係ない市民として守るべき法令等に違反することは、
この義務の違反ではない。

□この義務に違反した場合、地方公務員法違反として懲戒処分の事由
となる。

【問34】 上司の職務上の命令に従う義務 　重要度★★★

■上司の職務上の命令に従う義務に関して、正しいものはどれか。

1　上司の職務命令に従う義務における上司は、任用上の地位が上位にある者を広く含み、その上司の発する命令は、それより下位にある全ての職員が従う義務がある。

2　階層的に上下にある複数の上司が同一事項について矛盾する職務命令を発した場合には、そのうち最も上位にある上司の職務命令が優先する。

3　職務命令とは、当該職員が担当する具体的な職務の執行に直接関係する「職務上の命令」をいい、職務の執行と直接には関係のない命令は、職務命令ではない。

4　上司の職務命令に瑕疵があるときは、これに従う義務はなく、有効かどうかが不明なときは、それが確認されるまではこれに従う義務を留保することができる。

5　職務上の命令は、これに従う義務を生じさせるには、文書をもって行わなければならず、文書によらない命令については、職員は、その交付を請求することができる。

【問34】 上司の職務上の命令に従う義務　　　　　　　　正解：2

1：✕　「上司」とは、その職員との関係において指揮監督する権限を有する者をいう。

2：○　他の上司は、最も上位の上司の職務命令に従わなければならないから、最も上位の上司の職務命令が優先する。

3：✕　職務命令には、「職務上の命令」のほか、職務の執行とは直接関係しない、職員としての地位一般に関する「身分上の命令」があり、制服の着用、特定の職員の公舎居住等の命令がこれに該当する。

4：✕　職務命令は、重大かつ明白な瑕疵がある場合は、無効であり、これに従う義務はない。取消しの原因となる瑕疵があるにとどまる場合や有効かどうか不明な場合には、取消しがなされない限り、これに従う義務がある。

5：✕　職務上の命令の手続及び形式については、特段の定めがなく（32条）、口頭によることも可能である。

Point Check!

□上司とは、任用上の地位が上位にあるだけでなく、その職員との関係において指揮監督する権限を有する者をいう。

□職務命令には、①職務上の命令（職務の執行に直接関係する命令）と、②身分上の命令（職務の執行とは直接関係しない命令）がある（①・②は職務上の上司（職務の執行に権限を有する上司）が、②は身分上の上司（身分取扱いに権限を有する上司）が、発する。）。

□重大かつ明白な瑕疵がある職務命令は、無効であり、従う義務はない。それ以外の場合は、取消しがなされない限り、従う義務がある。疑義がある職員は、上司に意見を具申できる。

□職務命令の手続・形式に制限はなく、文書による必要はない。

【問35】 信用失墜行為の禁止 重要度★★★

■信用失墜行為の禁止に関して、正しいものはどれか。

1 どのような行為が信用失墜行為に該当するかの一般的な基準はなく、それぞれの場合について、社会通念に基づいて判断する必要がある。

2 信用失墜行為は、倫理的な行為規範に基づいて職員に禁止される行為であり、職権濫用や収賄のような犯罪となる行為は、信用失墜行為に含まれない。

3 信用失墜行為は、職務に関連してその職の信用を失墜する行為であり、純然たる私人として私生活上行った行為が信用失墜行為に該当することはない。

4 信用失墜行為は、職員が遵守すべき何らかの服務規定に違反した場合がこれに該当し、これに違反しない場合には、信用失墜行為に該当することはない。

5 信用失墜行為を行った職員は、その職に必要な適格性を欠くことになるから、分限処分の対象となり得るが、懲戒処分の対象とはならない。

【問35】 信用失墜行為の禁止　　　　　　　　　　　　　正解：1

1：〇　職員の職の信用や職員の職全体の名誉は、住民感情と切り離して考えられないから、どのような行為が信用失墜行為に該当するかについて一般的な基準を立てることは困難である。

2：✕　職務に関連する犯罪行為は、その職の信用を傷つける行為であり、典型的な信用失墜行為である。

3：✕　純然たる私人としての行為であっても、その者が職員としての身分を有している以上、職全体の不名誉となるような行為であることがある。

4：✕　特定の服務規定に違反しない行為であっても、その行為によって職全体への信用を損なったり、職員の職全体の不名誉となるものであれば、信用失墜行為にもなる。

5：✕　信用失墜行為の禁止は、職員に課された義務であるから、これに違反することは懲戒処分の対象になる。

 Point Check!

□職員は、①その職の信用を傷つけ、又は②職員の職全体の不名誉となるような行為をしてはならない。①と②の区別は明確でないが、①は、職務に関連する非行が該当し、②は、そのほかに、職務に直接関係のない行為も含まれる。

□具体的にどのような行為が信用失墜行為となるかの一般的な基準はなく、健全な社会通念に基づいて判断すべきもの。刑罰法規に違反する行為や、特定の服務規定に違反する行為には、限定されない。

□信用失墜行為は、懲戒処分の対象となる。罰則は定められていない。

【問36】 秘密を守る義務 （1）　　　　　重要度★★★

■秘密を守る義務に関して、正しいものはどれか。

1　秘密を守る義務の「秘密」とは、一般に知られていない事実で、それを知らせることがその地方公共団体の利益の侵害になると考えられるものをいうと解されている。

2　秘密を守る義務の「秘密」の対象となるのは、地方公共団体の事務の遂行に必要な公的な情報であり、当該事務に直接関係しない個人や企業の私的な情報ではない。

3　秘密を守る義務の「秘密」は、客観的に秘密に該当するものがその推定を受けるが、最終的には、官公庁が秘密であることを指定していることによって判断する。

4　職員が守るべき秘密は、自ら担当する職務に関する職務上の秘密であって、自らの担当外の事項で職務に関連して知ることができたものは、これに含まれない。

5　秘密を守る義務に違反して秘密を漏らすとは、不特定又は多数の者に対してだけでなく、特定の者に秘密に該当する事実を知らせる行為であってもこれに該当する。

【問36】 秘密を守る義務（1）　　　　　　　　　　　　正解：5

1：✕　当該地方公共団体の利益の侵害に限られず、個人の権利利益
の侵害になると考えられる場合もある。
2：✕　職員が職務の遂行過程で取得した情報であれば、その事務に
直接関係するものに限られず、個人や企業に関する情報も含まれる。
3：✕　判例（昭52・12・21最決）は、秘密とは、実質的にそれを秘
密として保護するに値するもの、すなわち、実質秘であるとする。
4：✕　職員が守るべき秘密は、職務上の秘密に限らず、職務上知り
得た秘密である（34条1項）。
5：○　秘密を漏らすとは、一般に知られていない事実を広く一般に
知らせる行為又は知らせるおそれのある行為の一切をいい、特定の
者に知らせる行為でも、さらに伝達されるおそれがあり、漏らした
ことになる。

Point Check!

□職員は、職務上知り得た秘密を漏らしてはならない。その職を退い
た後も、同様とする。
□秘密とは、一般に知られていない事実で、それを知らせることが一
定の利益の侵害になると客観的に考えられるもの。
□秘密は、実質秘であり、秘密の指定の有無を問わない。
□職務上知り得た秘密は、職員が担当する職務に関する秘密のほかに、
職務に関連して知ることができた秘密を含む。
□秘密を漏らすとは、一般に知られていない事実を広く一般に知らせ
る行為又は知らせるおそれのある行為の一切をいう。秘密を特定の
人に知らせること、秘密事項の漏えいを黙認することも該当する。

【問37】 秘密を守る義務 （2）

重要度★★★

■秘密を守る義務に関して、正しいものはどれか。

1 秘密を守る義務は、職員がその職を退いた後も課されており、退職した者がこれに違反した場合にも、服務規定違反として懲戒処分の対象となる。

2 秘密を守る義務に違反して秘密を漏らした者には、罰則の定めがあるが、そのような行為を計画したり、唆（そそのか）したりしただけの者には、罰則の適用はない。

3 職務上知り得た秘密であっても、職務上の秘密でなければ、法令による証人、鑑定人等となってこれを発表することについて、地方公務員法の制限はない。

4 職員又は職員であった者が法令による証人、鑑定人等となり、秘密に属する事項を発表する場合は、人事委員会又は公平委員会の許可を受けなければならない。

5 職員が法令による証人、鑑定人等となり、秘密に属する事項を発表することの許可を求められた場合は、公の利益を害すると認めるときは、これを許可してはならない。

【問37】 秘密を守る義務（2）   正解：3

1 ：✕　秘密を守る義務は、職員がその職を退いた後も課されるが、
　懲戒処分をすることができず、刑罰の対象となるだけである（60条
　2号）。
2 ：✕　秘密の漏えいを企て、命じ、故意にこれを容認し、唆し、又
　はそのほう助をした者も秘密の漏えい罪と同じ刑に処せられる（62
　条）。
3 ：〇　記述のとおり（34条2項）。
4 ：✕　職務上の秘密に属する事項を発表する場合は、任命権者（退
　職者は、その退職した職又はこれに相当する職に係る任命権者）の
　許可を受けなければならない（34条2項）。
5 ：✕　職務上の秘密に属する事項の発表の許可は、法律に特別の定
　めがある場合を除き、拒むことができない（34条3項）。

Point Check!

□守秘義務に違反して秘密を漏らした者は、1年以下の懲役又は50万
　円以下の罰金に処せられる。その行為の企画、命令、故意による容
　認、唆し又はほう助をした者も同じ刑に処せられる。職員の場合は、
　懲戒処分の対象となる。
□職員が、法令による証人、鑑定人等となり、職務上の秘密に属する
　事項を発表する場合は、任命権者（退職者は、退職した職又はこれ
　に相当する職に係る任命権者）の許可を受けなければならない。任
　命権者は、法律に特別の定めがあるときを除き、この許可を拒めな
　い（人事委員会・公平委員会における証言は、許可を拒める定めは
　ない。議会における証言を拒むには、理由の疎明や公の利益を害す
　る旨の声明が求められる。）。

【問38】 職務専念義務　　　　　　　　　　重要度★★★

■職務専念義務に関して、正しいものはどれか。

1　この義務は、職員がその正規の勤務時間において職務上の注意力の全てをその職責遂行のために用いなければならないとするものである。

2　この義務は、法律に定めがある場合に免除されるほか、任命権者は、職員の請求があった場合に、公務の運営に支障がないと認めるときは、免除することができる。

3　この義務は、不利益処分の審査請求をする場合、勤務条件の措置の要求をする場合等、職員としての権利を行使する場合には、当然に免除される。

4　この義務は、職員が職員団体の役員として在籍専従することの許可を受けて従事する場合、その期間中、当然に免除される。

5　この義務を免除されて職務に従事しない場合には、その従事しない時間に係る給与は当然に減額され、条例でこれを支給する旨を定めることはできない。

【問38】 職務専念義務　　　　　　　　　　　　　　　　正解： 4

1：✕　職務専念義務を負う勤務時間は、正規の勤務時間に限られる
　ものではなく、時間外勤務、週休日の勤務、休日勤務又は宿日直を
　命じられて勤務する時間も含まれる（35条）。

2：✕　この義務は、法律のほか条例に定めがある場合にも免除され、
　任命権者が公務の運営に支障がないと認めるときではない（35条）。

3：✕　記述の場合のほか、不満を表明し、又は意見を申し出ること
　（55条11項）は、職員の権利であっても、勤務時間中に行う場合に
　は、当然には職務専念義務は免除されないと解されている。

4：○　在籍専従者は、休職者とされるから（55条の２第5項）、職
　務専念義務も免除される。

5：✕　職務専念義務が免除された場合に給与を支給するか否かにつ
　いては、法律にその有無について規定がある場合があるほかは、給
　与条例の定めるところによる。

Point Check!

□職員は、法律又は条例に定めがある場合を除き、勤務時間（時間
　外・休日勤務等の時間を含む。）中、職務専念義務を負う。

□法律・条例の定めとして、分限休職・懲戒停職処分、休暇・休業・
　部分休業等、許可を受けてする在籍専従や職員団体の適法な交渉参
　加等がある。

□当然には免除されない場合に、営利企業等への従事の許可、不利益
　処分の不服申立て、勤務条件の措置要求、勤務条件の不満の表明・
　意見の申出、特別職等との兼職等がある。

□職務専念義務が免除される場合の給与の支給の有無及び額は、法律
　の定めがある場合を除き、給与条例で定める。

【問39】 政治的行為の制限 （1）　　　　重要度★★★

■政治的行為の制限に関して、正しいものはどれか。

1　政治的行為の制限は、地方公共団体の行政の公正な運営を確保するとともに職員の利益を保護することを目的とするものである。

2　政治的行為の制限は、地方公営企業や特定地方独立行政法人の職員を含め、一般職に属する全ての職員がその対象となっている。

3　職員は、勤務時間の内外を問わず政治的行為が制限されるが、在籍専従中の職員、休業中の職員等、職務に従事していない職員は、政治的行為の制限を受けない。

4　政治的行為の制限に対する違反は、懲戒処分の対象になるとともに、違反行為の遂行を共謀し、唆し、又は計画した者に対し、罰則が定められている。

5　政治的行為は、職員の属する地方公共団体の区域（指定都市の区に勤務する者は、当該区の所管区域）外では制限されない。

【問39】 政治的行為の制限 (1)　　　　　　　　　　　正解：1

1：○　政治的行為の制限は、行政の公正な運営を確保するだけでな
　く、職員の政治的中立を確保することで政治的影響から保護し、そ
　の身分を保障することになるものである（36条5項）。
2：✕　地方公営企業及び特定地方独立行政法人の職員（それぞれ一
　定の管理職員を除く。）並びに単純労務職員は、政治的行為が制限
　されていない（地公企法39条2項、地方独法法53条2項、地公労法
　附則5項）。
3：✕　職員は、職員たる身分を有する限り、職務に従事しているか
　否かを問わず、政治的行為の制限を受ける。
4：✕　政治的行為の禁止に対する違反は、国家公務員と異なり、懲
　戒処分の対象になるだけで、罰則の定めはない。
5：✕　政党その他の政治的団体の結成に関与し、又はこれらの団体
　の役員となること等、地域の制限なく禁止される行為がある（36条
　1項）。

Point Check!

□職員に対する政治的行為の制限は、地方公共団体の行政及び特定地
　方独立行政法人の業務の公正な運営を確保するとともに、職員の利
　益を保護することを目的とする。
□勤務時間の内外、職務に従事しているか否か、常勤か非常勤かを問
　わず、職員に適用される。
□地方公営企業及び特定地方独立行政法人の職員（それぞれ一定の管
　理職員を除く。）及び単純労務職員には、適用がない。
□公立学校の教育公務員は、国立学校の教育公務員と同じく政治的行
　為の制限が厳重で、地域による限定がない。
□違反行為は、懲戒処分の対象となるが、罰則の定めはない。

【問40】政治的行為の制限（2）　　　　重要度★★★

■政治的行為の制限に関して、正しいものはどれか。

1　職員は、政党その他の政治的団体の結成に関与し、若しくはこれらの団体の構成員となってはならず、又はこれらの団体の構成員となるように勧誘運動をしてはならない。

2　公の選挙において投票するように勧誘運動をすることは、一定の政治的目的をもって、その職員の属する地方公共団体の区域において行う場合に限り、禁止される。

3　一定の政治的目的をもって、特定の政党の政策に関する文書をその職員の属する地方公共団体以外の地方公共団体の庁舎等において掲示することは、禁止されない。

4　一定の政治的目的をもって、その職員の属する地方公共団体の区域内において、不特定多数の者に対し署名運動を行い、又はこれを援助することは、禁止される。

5　公の選挙において特定の人を支持する目的をもって寄附金その他の金品の募集に関与することは、その職員の属する地方公共団体の区域外においても禁止される。

【問40】政治的行為の制限（2）   正解：2

1：✕ 政党その他の政治的団体の構成員となることは、禁止されて
 いない（36条1項）。
2：○ 記述のとおり（36条2項1号）。
3：✕ 記述の行為は、当該職員の属する地方公共団体の区域外にお
 いても禁止される（36条2項4号）。
4：✕ 署名運動については、その企画、主宰等、これに積極的に関
 与することに限り、禁止される（36条2項2号）。
5：✕ 寄附金その他の金品の募集への関与は、職員の属する地方公
 共団体の区域内に限り、禁止される（36条2項3号）。

Point Check!

□政党その他の政治的団体の①結成に関与すること、②役員となるこ
 と、③構成員となるよう・ならないように勧誘運動をすることは、
 目的・区域を問わず禁止される。
□政治的目的をもって、①公の選挙・投票において、投票するよう・
 しないように勧誘運動をすること、②署名運動の企画、主宰等、こ
 れに積極的に関与すること、③寄附金等の金品の募集に関与するこ
 と、④文書図画を地方公共団体・特定地方独立行政法人の庁舎、施
 設等に掲示し・掲示させ、その他これらの庁舎、施設、資材、資金
 を利用し・利用させること、⑤条例で定める政治的行為をすること
 は、禁止される。①～③・⑤は、その職員の属する地方公共団体の
 区域（支庁・地方事務所又は指定都市の区・総合区に勤務する職員
 は、当該支庁・地方事務所又は区・総合区の所管区域）外では制限
 されない。政治的目的とは、①特定の政党その他の政治的団体・内
 閣又は地方公共団体の執行機関の支持・反対の目的、②公の選挙・
 投票における特定の人又は事件の支持・反対の目的をいう。

【問41】 政治的行為の制限 （3）
《発展問題》

重要度　★★

■政治的行為の制限に関して、正しいものはどれか。

1　公の選挙において特定の人を支持する目的で一定の政治的行為を行うことは、禁止されるが、議会の解散の投票においてこれを支持する目的の政治的行為は禁止されない。

2　特定の政党を支持する目的で公の選挙において投票をするよう勧誘運動をすることは禁止されるが、公の選挙において棄権することを勧誘することは禁止されない。

3　職員が禁止されている政治的行為をすることの代償として任用に関して利益を与えることは禁止されるが、その政治的行為をしないことの代償の付与は禁止されない。

4　職員が禁止される政治的行為は、法律に定められている行為に限られ、地方公共団体が条例で禁止される行為を加えることはできない。

5　判例は、公務員の職務の遂行の政治的中立性を損なうおそれが実質的に認められる政治的行為に限って、禁止の対象になるとしている。

【問41】 政治的行為の制限 （3）　　　　　　　　　　　正解：5

1：✕　地方自治法に基づく議会の解散や議員の解職の投票において
これを支持し、又は反対する目的の政治的行為も制限される（36条
2項）。

2：✕　特定の政党を支持する目的で、公の選挙又は投票において棄
権することを勧誘することも、禁止されると解されている。

3：✕　政治的行為をしないことの代償として、任用に関して利益又
は不利益を与えることも、禁止されている（36条3項）。

4：✕　職員が、一定の政治的目的で、条例で定める政治的行為をす
ることも、禁止される（36条2項5号）。

5：○　記述のとおり（平24・12・7最判）。

Point Check!

□何人も、①禁止されている政治的行為を行うよう職員に求め、職員
を唆し、又はあおる行為、②職員が禁止されている政治的行為をし
又はしないことに対する代償・報復として、任用、職務、給与その
他職員の地位に関して利益・不利益を与え、与えようと企て、又は
約束する行為が禁止される。その違反行為に、罰則の定めはない。

□判例は、国家公務員に禁止される政治的行為について、禁止の対象
は、公務員の職務の遂行の政治的中立性を損なうおそれが実質的に
認められる政治的行為に限られる、としている。

【問42】 争議行為等の禁止（1）　　重要度★★★

■争議行為等の禁止に関して、正しいものはどれか。

1　職員は、全体の奉仕者としての地位を有することから、憲法上の労働基本権の保障がされておらず、争議行為等についても当然に全面的に禁止されている。

2　職員は、同盟罷業、怠業その他の争議行為のみならず、これに至らない程度の行為で地方公共団体の機関の活動能率を低下させるものについても、禁止されている。

3　職員のうち、地方公営企業及び特定地方独立行政法人の職員並びに単純労務職員は、その職務の性質に鑑み、争議行為等を行うことは禁止されていない。

4　職員は、争議行為等を行うことが禁止されているが、懲戒処分の対象となるのは、争議行為等の遂行を共謀し、唆し、又はあおる等の行為をした場合に限られる。

5　争議行為等により職員が住民に損害を与えたときは、当該職員は、住民に対し損害を賠償する責任を負うが、地方公共団体は、当該職員に賠償を請求することができない。

【問42】 争議行為等の禁止（1）　　　　　　　　　　　　正解：2

1：✕　職員に憲法の労働基本権が保障されていないわけではなく、全体の奉仕者としての地位を有し、その職務が公共性を有することから、これが制約されている。

2：〇　争議行為に至らない行為で地方公共団体の機関の活動能率を低下させる怠業的行為も禁止されている（37条1項）。

3：✕　地方公営企業及び特定地方独立行政法人の職員並びに単純労務職員も争議行為が禁止されている（地公労法11条1項、附則5項）。

4：✕　争議行為等を行った職員は、全て懲戒処分の対象となる。

5：✕　争議行為等を行った職員は、その保有する任命上又は雇用上の権利を対抗することができないから（37条2項）、地方公共団体に対しても損害賠償責任を負う（民法709条）。

Point Check!

□全ての職員（常勤・非常勤や任期の有無を問わない。）は、①同盟罷業、怠業その他の争議行為、②地方公共団体の機関の活動能率を低下させる怠業的行為が禁止される。

□職員に限らず、何人も、①・②の行為の企画、その遂行の共謀・唆し・あおりをすることが禁止される。

□禁止行為を行った職員は、懲戒処分の対象となる。

□禁止行為を行った職員は、民事上の免責を受けず、地方公共団体や住民に損害を与えた場合は、損害賠償責任を負う。

【問43】 争議行為等の禁止（2）　　　　重要度★★★

■争議行為等の禁止に関して、正しいものはどれか。

1　職員は、職員団体の一構成員として争議行為等に参加した
　　だけの者であっても、懲戒処分の対象となるほか、罰則の
　　適用を受ける。

2　争議行為等の遂行を共謀し、唆し、又はあおる行為をした
　　者には、罰則が定められているが、実際に争議行為等が行
　　われない限り、処罰されることはない。

3　争議行為等とは、職員が勤務条件の維持改善を目的として
　　地方公共団体の正常な業務運営を阻害する行為をいい、政
　　治的課題の解決を目的とするものは、これに含まれない。

4　職務の繁忙期に超過勤務命令又は宿日直命令を組織的に拒
　　否することは、職務専念義務又は職務上の命令に従う義務
　　に違反するが、争議行為等には該当することはない。

5　地方公共団体の機関の業務の正常な運営の阻害を目的とし
　　て、職員が一斉に年次有給休暇届を提出して職場を放棄す
　　るいわゆる一斉休暇闘争は、同盟罷業に該当する。

【問43】 争議行為等の禁止（2）　　　　　　　　　　　　　正解：5

1：✕　争議行為等に参加しただけの者には、罰則の適用はない。
2：✕　この罰則は、独立した刑罰規定であり（61条4号）、実際に争議行為等が実行されたか否かを問わない（昭29・4・27最判）。
3：✕　争議行為等とは、一般に、地方公共団体の正常な業務の運営を阻害する行為をいい、その目的を問わない。いわゆる政治ストや同情ストも、争議行為等に含まれる。
4：✕　組織的に超過勤務命令、宿日直命令等を拒否し、地方公共団体の正常な業務運営を阻害することは、争議行為等に該当する（平元・1・19最判）。
5：〇　判例（昭48・3・2最判）は、記述のような場合、年次有給休暇は成立せず、一斉休暇の名の下に同盟罷業に入った労働者の全部について賃金請求権が発生しないとしている。

Point Check!

□争議行為等を共謀し、唆し、若しくはあおった者又はこれらの行為を企てた者は、3年以下の懲役又は100万円以下の罰金に処せられる。職員であるか否か、争議行為等が実行されたか否かを問わない。
□争議行為等に参加しただけの者には、罰則の定めはない（懲戒処分の対象となることはある。）。
□争議行為等は、地方公共団体の業務の正常な運営を阻害する集団的・組織的な労働力を提供しない行為であり、そのような行為である限り、いわゆる年次有給休暇闘争、超過勤務・宿日直勤務拒否闘争、時間内職場集会等も争議行為等となる。また、その行為の目的を問わない。

【問44】 争議行為等の禁止（3）
《発展問題》

重要度　★★

■争議行為等の禁止に関して、正しいものはどれか。

1　争議行為等を行った職員は、地方公共団体に対し任命上の
　権利を対抗することができないため、条例に定める手続に
　よらずに懲戒処分を受けることになる。

2　争議行為等の遂行を唆（そそのか）し、又はあおる行為のうち、争議行
　為等に通常随伴する指令、指示等の行為は、単なる争議参
　加行為と同等の行為であり、罰則の適用はない。

3　争議行為等のうち罰則の対象となるのは、その目的、手段、
　態様に照らし、許容される限度を逸脱し、強度の違法性が
　あるものでなければならない。

4　地方公営企業及び特定地方独立行政法人の職員は、同盟罷
　業、怠業等の争議行為をすることができず、これに違反し
　た職員は、解雇することができる。

5　地方公営企業の管理者及び特定地方独立行政法人の理事長
　は、職員が行う争議行為等に対抗して、事業所、作業所等
　を閉鎖し、職員の勤務を拒否することができる。

【問44】 争議行為等の禁止 （3）　　　　　　　　正解： 4

1 ： ✕　争議行為等を行った者等は、保有する任命上又は雇用上の権利を地方公共団体に対抗できないと規定されているが（37条2項）、懲戒処分、民事上の賠償請求又は刑事訴追は、それぞれに関する規定に従って行われる。

2 ： ✕　判例（昭51・5・21最判）は、争議行為等の共謀、唆し、あおり行為について、争議行為等に通常随伴する行為か否かで罰則の適用を区別すべきではないとしている。

3 ： ✕　判例（昭51・5・21最判）は、争議行為等は、その違法性の強度にかかわらず、罰則の対象となる争議行為等に該当するとしている。

4 ： ◯　記述のとおり（地公労法11条1項、12条）。

5 ： ✕　地方公営企業及び特定地方独立行政法人は、作業所閉鎖をしてはならない（地公労法11条2項）。なお、地方公務員法に同様の規定はないが、業務の公共性から当然のことと解されている。

Point Check!

□地方公営企業・特定地方独立行政法人の職員・単純労務職員及び労働組合は、同盟罷業、怠業その他の業務の正常な運営を阻害する行為をすることができない。

□これらの職員及び組合の組合員・役員は、禁止行為を共謀し、唆し、又はあおってはならない。

□これらに違反する行為をした職員は、解雇することができる。

□地方公営企業・特定地方独立行政法人は、作業所閉鎖をしてはならない。

【問45】 営利企業等の従事制限（１）　　重要度★★★

■営利企業等の従事制限に関して、正しいものはどれか。

1　職員は、任命権者の許可を受けなければ、報酬を得ない場合であっても、営利企業を営むことを目的とする事業又は事務に従事してはならない。

2　職員は、報酬を得ない場合であれば、任命権者の許可を受けなくても、営利企業を営むことを目的とする団体の役員と兼ねることができる。

3　職員は、任命権者の許可を受けなければ、営利を目的とするいかなる私企業であっても、これを自ら営んではならない。

4　職員は、営利を目的としない団体であれば、任命権者の許可を受けなくても、報酬を得てその団体の役員と兼ねることができる。

5　職員は、営利を目的としない事業又は事務であれば、任命権者の許可を受けなくても、これに報酬を得て従事することができる。

【問45】営利企業等の従事制限（1）　　　　　　　　　正解：3

1：✕　報酬を得ないのであれば、営利企業を営むことを目的とする事業に従事することができる。ただし、その団体の役員等と兼ねることはできない（38条1項。以下同じ。）。

2：✕　営利企業を営むことを目的とする団体の役員と兼ねる場合は、報酬の有無にかかわらず、任命権者の許可を受けなければならない。

3：○　記述のとおり。

4：✕　報酬を得る場合には、営利を目的とする団体か否かにかかわらず、その役員を兼ねるときには任命権者の許可を受けなければならない。

5：✕　任命権者の許可を受けなければ、報酬を得ていかなる事業にも従事してはならない。

 *Point Check!*

□職員は、任命権者の許可を受けなければ次の行為をしてはならず、その違反は、懲戒処分の対象となるが、罰則はない。
①商業、工業又は金融業その他営利を目的とする私企業を営むことを目的とする会社その他の団体の役員その他人事委員会規則（人事委員会を置かない地方公共団体は地方公共団体の規則）で定める地位を兼ねること。報酬を得るか否かを問わない。
②自ら営利を目的とする私企業を営むこと。
③報酬を得て事業・事務に従事すること。営利目的の事業・事務か否かを問わない。

【問46】 営利企業等の従事制限 （2）　　　重要度★★★

■営利企業等の従事制限に関して、正しいものはどれか。

1　職員は、勤務時間外、休日その他勤務を要しない時間に限って営利企業等に従事する場合や育児休業中に営利企業等に従事する場合には、任命権者の許可を要しない。

2　営利企業等の従事制限の規定は、臨時的任用職員その他の法律により任期を定めて任用される職員及び非常勤職員には適用されない。

3　職員が勤務時間中に営利企業等に従事することについて任命権者の許可を得たときは、その時間に係る職務専念義務は、当然に免除される。

4　人事委員会は、人事委員会規則により営利企業等に従事する場合の任命権者の許可の基準を定めるとともに、これに反する許可を取り消すことができる。

5　任命権者は、職員が営利企業等に従事しても職務の公正を害さず、かつ、職務遂行に支障がない場合であっても、その許可をしないことができる。

【問46】 営利企業等の従事制限（2） 正解：5

1：✘ 勤務時間であるか否かを問わず、職員が営利企業等に従事する場合には、任命権者の許可が必要である。

2：✘ 臨時的任用職員その他の法律により任期を定めて任用される職員には適用されるが、非常勤職員（一部を除く。）には適用されない（38条1項ただし書）。

3：✘ 職務専念義務の免除は、営利企業等への従事の許可とは趣旨が異なるから、その許可を受けても当然には免除されない。

4：✘ 記述の前半は正しいが（38条2項）、許可の基準に反する許可を取り消すことはできない。

5：○ 営利企業等への従事が、職員及び職務の品位を損ねるおそれがあると認める場合には、許可するべきではない。

Point Check!

□営利企業等への従事制限は、勤務時間の内外、職務への従事の有無、任期の有無を問わず、職員に適用される。ただし、短時間勤務職員及びフルタイムの会計年度任用職員を除き、非常勤職員には適用されない。

□人事委員会は、人事委員会規則により、職員が営利企業等に従事する場合の任命権者の許可の基準を定められる。

□任命権者の許可は、①地方公共団体との間で利害関係が生じず、その他職務の公正さが害されないか、②職務遂行上、能率の低下を来さないか、③職員・職務の品位が害されないかの観点から行う。

□教育公務員は、教育に関する兼職又は教育に関する事業・事務の従事が本務の遂行に支障がないと任命権者（県費負担教職員は、市町村・特別区教育委員会）が認めるときは、給与を受け、又は受けないで、その兼職又は事業・事務の従事ができる。

【問47】 営利企業等の従事制限 （3）
《発展問題》

重要度 ★★

■営利企業等の従事制限に関して、正しいものはどれか。

1　一般財団法人等、営利を目的としない団体であっても、収
　益事業を行うものである場合は、任命権者の許可を受けな
　ければ、その役員の地位を兼ねることはできない。

2　職員が休日に限って自ら所有する田畑を耕作し、それによ
　り生産した農作物を販売して利益を得る場合には、任命権
　者の許可を要しない。

3　職員が、実家の寺院の住職等として宗教活動を行い、これ
　により布施、実費弁償としての車代等を得ることは、任命
　権者の許可を要しない。

4　職員が国家公務員の職や他の地方公共団体の職別職を兼ね
　てその職務に従事する場合には、報酬の有無にかかわらず、
　任命権者の許可を要しない。

5　職員は、その地方公共団体に対し請負をする者及びその支
　配人又は主として同一の行為をする法人の役員となること
　はできない。

【問47】 営利企業等の従事制限（3）　　　　　　　　　　　正解：3

1：✕　その団体が法律上営利を目的としないものとされているとき
は、収益事業を行う場合であっても、その団体の役員を兼ねるのに
任命権者の許可を要しない。

2：✕　営利を目的とする私企業には、商業、工業又は金融業に限ら
ず、営利を目的とする限り、農業も含まれる。

3：○　布施その他非営利の宗教活動による収入、実費弁償としての
車代、講演料、原稿料等の謝金等、労働の対価でない給付を得る場
合には、任命権者の許可を要しない。

4：✕　国家公務員又は地方公務員の職であっても、報酬を得る場合
には、任命権者の許可が必要である。

5：✕　地方公共団体の議会の議員及び長等には、記述のような制限
があるが（地自法92条の2、142条等）、職員についてこのような定
めはない。

【問48】 分限処分 （1）　　　　　　　　　　重要度★★★

■分限処分に関して、正しいものはどれか。

1　分限処分とは、職員に一定の事由が生じた場合に、これを理由として公務の能率的運営を維持することを目的に行う職員の意に反する不利益な処分をいう。

2　分限処分のうち、休職及び降給の事由は地方公務員法に定めるもののほか条例で定め、降任及び免職の事由は同法で定める。

3　分限処分は、免職、降任、休職及び降給の4つが地方公務員法に定められているが、地方公共団体は、条例でこれら以外の分限処分を定めることができる。

4　降任処分は、職員をその現在の職より下位の職に任命することをいい、これに伴い給料の額が下がる場合は降給処分であって、降任処分ではない。

5　分限処分の手続及び効果は、人事委員会規則又は公平委員会規則で定め、法律に特別の定めがある場合に限り、これを条例で定めなければならない。

【問48】 分限処分 （1） 　　　　　　　　　　　　　　　正解： 2

1 ： ✕　分限処分は、職制・定数の改廃又は予算の減少により廃職・
　過員を生じた場合にも行われるから、必ずしも職員に一定の事由が
　生じた場合に限らない（28条1項）。

2 ： ○　記述のとおり（27条2項）。

3 ： ✕　分限処分は、地方公務員法に定める4つ以外に条例で定める
　ことはできない。

4 ： ✕　降任処分は、職員を現在の職より下位の職制上の段階に属す
　る職に任命する処分をいい（15条の2第1項3号）、これに伴い給
　料の額が減少することを当然に含む。

5 ： ✕　分限処分の手続及び効果は、法律に特別の定めがある場合を
　除き、条例で定めなければならない（28条3項）。

Point Check!

□分限処分とは、公務能率の維持・適正な公務運営の確保のため、一
　定の事由がある場合に、職員の意に反して行う不利益な処分。

□職員の分限は、公正でなければならない。

□分限処分は、免職（職を失わせる処分）、休職（職を保有したまま
　職務に従事させない処分）、降任（現在の職より下位の職制上の段
　階に属する職に任命する処分）、降給（現在の給料額より低い額の
　給料に決定する処分）の4つ。職員は、これら以外の分限処分を受
　けない。

□免職・降任は、地方公務員法に定める事由、休職・降給は同法又は
　条例に定める事由による場合に限る。

□分限処分の手続・効果は、法律に定めがある場合を除き、条例で定
　めなければならない。

【問49】 分限処分（2）

重要度★★★

■分限処分の事由に関して、正しいものはどれか。

1 定数の改廃又は予算の減少により廃職又は過員を生じた場合には、職員を、その意に反して、免職処分とすることができる。

2 職員が心身の故障のため、職務の遂行に支障があるときは、その意に反して、その職員を免職処分又は休職処分とすることができる。

3 職員が刑事事件に関して起訴された場合であって、その身柄が拘束されているときは、任命権者は、その職員を休職処分としなければならない。

4 職員の心身の故障を理由とする休職処分は、これを行うに際しては、当該処分を受ける職員の同意を得なければならない。

5 職員が勤務の状況を示す事実に照らして、勤務実績がよくない場合には、その意に反して、その職員を降任処分又は降給処分とすることができる。

【問49】 分限処分 （2）   正解：1

1：○　記述のとおり（28条1項4号）。
2：✕　心身の故障のため、職務の遂行に支障があり、又はこれに堪えない場合は、降任又は免職の事由であり、休職は、長期の休養を要する場合である（28条1項2号・2項1号）。
3：✕　身柄が拘束された場合に、必ず休職処分にしなければならない訳ではない（28条2項2号）。
4：✕　分限処分は、職員の意に反する不利益な処分であり、同意を得る必要はない。
5：✕　記述の場合は、降任又は免職の事由である（28条1項1号）。

Point Check!

□免職＝①人事評価・勤務状況を示す事実に照らして、勤務実績がよくない場合、②心身の故障のため、職務の遂行に支障があり、又はこれに堪えない場合、③その職に必要な適格性を欠く場合、④職制・定数の改廃又は予算の減少により廃職又は過員を生じた場合
□降任＝上記①〜④、⑤管理監督職を占める職員がその占める管理監督職に係る管理監督職勤務上限年齢に達した場合（異動期間に降任をする。）
□休職＝①心身の故障のため長期の休養を要する場合、②刑事事件に関し起訴された場合、③条例で定める事由がある場合
□降給＝①管理監督職を占める職員がその占める管理監督職に係る管理監督職勤務上限年齢に達した場合（異動期間に、降給を伴う転任をする。）、②条例で定める事由がある場合

【問50】 分限処分 （3）

《発展問題》

重要度 ★★

■分限処分に関して、正しいものはどれか。

1 職員がその採用前に刑事事件に関し起訴されており、そのことが採用後に判明した場合には、その職員を休職処分とすることはできない。

2 許可を受けて在籍専従中の職員又は承認を受けて育児休業等の休業中の職員は、その許可又は承認を取り消すことなく休職処分とすることはできない。

3 職員が自らの意思により休職を申し出た場合で、任命権者がその必要を認めるときは、法律に定める事由によらず、分限処分としての休職処分をすることができる。

4 職員が休職処分を受けた場合には、その期間中その職員に対し給料、手当その他いかなる給与も支給することができない。

5 職員が公務上負傷し、又は疾病にかかり、療養のために休業する期間中及びその後30日間は、原則として、その職員を分限免職とすることができない。

【問50】 分限処分 （3）   正解：5

1：✕　起訴されていることが判明した時点において、その職員を休
　職処分とすることができる。
2：✕　在籍専従職員や休業中の職員についても休職処分とすること
　ができる。休業中の職員が休職処分を受けた場合は、休業の承認は
　失効する（26条の5第4項、26条の6第5項、地方公務員育休法5
　条1項）。停職処分を受けた場合も同じである。
3：✕　判例（昭35・7・26最判）は、記述のような依願休職は、無
　効ではないとするが、分限処分は職員の意に反するため審査請求等
　の手続が定められており、依願休職はその必要がないから、分限処
　分といえないと解されている。
4：✕　休職中の職員の給与は、条例で定めるところによるが、給与
　の一定割合が支給されることが一般的である。
5：◯　分限免職処分については、労働基準法の解雇制限や解雇予告
　の規定（労基法19条、20条1項）が適用される。

Point Check!

□起訴休職処分は、起訴が続いている限り、いつでも行える。採用前
　に起訴された場合にも、採用後に行える。
□休職処分は、在籍専従職員、休業中の職員に対しても行える。この
　場合、休業の承認は、失効する。
□休職中の職員の給与は、条例に定めるところによる。
□分限免職は、①傷病補償年金を受ける一定の場合又は天災事変等の
　場合を除き、公務上の負傷・疾病の療養期間とその後30日、産前産
　後休業期間とその後30日は、できない。②天災事変等の場合を除き、
　30日以上前の予告が必要で、これを欠くときは30日分以上の平均賃
　金の支払いが必要。

【問51】 懲戒処分 （1）　　　　　　　重要度★★★

■懲戒処分に関して、正しいものはどれか。

1　懲戒処分は、職員の義務違反行為に対する道義的責任を問う不利益処分であり、地方公務員法には、免職、休職、減給及び戒告の４つが定められている。

2　地方公共団体は、地方公務員法に定められた懲戒処分のほかに、条例で、訓告等の懲戒としての実質をもつ処分を定めることができる。

3　懲戒処分の事由は、地方公務員法に列挙されているが、地方公共団体は、条例で、これらの事由以外の事由を懲戒処分の事由として定めることができる。

4　懲戒処分を行うか否か及びどのような懲戒処分を行うかは、任命権者の自由な裁量に委ねられており、たとえ著しく過酷な懲戒処分であっても、違法となることはない。

5　任命権者は、一旦懲戒処分を行った場合は、その職員に反省の情が見られる等の情状があるときでも、その処分を取り消し、又はより軽い処分とすることはできない。

【問51】 懲戒処分 (1) 正解：5

1：✕ 記述の前半は、正しいが、懲戒処分は、免職、停職、減給及び戒告の4つである (29条1項)。

2：✕ 地方公務員法に定められた懲戒処分以外に懲戒的な実質をもつ処分を定めたり、これを行うことはできない。訓告、厳重注意等は、服務規律の履行の改善向上を図るための矯正的な措置であり、制裁的な実質を伴わない限り許されると解されている。

3：✕ 職員は、地方公務員法で定める事由による場合でなければ、懲戒処分を受けることがない (27条3項)。

4：✕ 懲戒処分を行うか否か及びどの懲戒処分を行うかは、任命権者の裁量に委ねられているが、公正の原則 (27条1項) 又は平等取扱いの原則 (13条) に反し、社会観念上著しく妥当を欠く場合は、裁量権の逸脱として違法となる (昭52・12・20最判)。

5：〇 懲戒処分は、その時点で完結する行政処分であり、処分権者がこれを取り消し、又は撤回することはできない。

Point Check!

□懲戒処分とは、任命権者が、職員の一定の義務違反に対する道義的責任を問うための制裁として行う不利益処分。

□懲戒処分には、戒告、減給、停職及び免職がある。

□職員は、①地方公務員法に定める種類以外の懲戒処分を受けることがなく、また、②地方公務員法で定める事由による場合でなければ、懲戒処分を受けることがない。

□懲戒処分は、公正の原則、平等取扱いの原則等に反し社会観念上著しく妥当でない限り、任命権者の裁量に属する。

【問52】 懲戒処分 （2）　　　　　　　　　重要度★★★

■懲戒処分に関して、正しいものはどれか。

1　職員が退職の申出をして退職した後に、在職中の行為が懲
　戒免職処分に相当することが判明したときは、退職を取り
　消し、遡って懲戒免職処分を行うことができる。

2　職員が任命権者の要請に応じ他の地方公共団体に出向した
　後、引き続いて元の職員として採用された場合は、出向先
　における行為について懲戒処分を行うことができる。

3　職員が同一地方公共団体内の任命権者を異にする異動が
　あった場合に、異動後の任命権者は、異動前の職員の行為
　について懲戒処分を行うことができる。

4　異なる地方公共団体の職員を兼ねている職員についてある
　地方公共団体の任命権者が懲戒処分を行ったときは、他の
　地方公共団体の任命権者は重ねてこれをすることができな
　い。

5　職員が条例年齢以上退職者となった後に定年前再任用短時
　間勤務職員として採用されたときは、退職後に引き続いて
　採用された場合に限り、退職前の行為について定年前再任
　用短時間勤務職員となった後に懲戒処分を行うことができ
　る。

【問52】 懲戒処分 （2）　　　　　　　　　　　　　　正解： 3

1： ✗　依願退職の処分を取り消すことはできず、また、退職後に遡って懲戒免職処分を行うことはできない。

2： ✗　出向のために退職する前の行為は、懲戒処分の対象となるが（29条2項）、他の地方公共団体の職員であった期間中の行為は、その対象とならない。

3： ◯　記述のとおり。

4： ✗　異なる地方公共団体の任命権者は、それぞれの立場で懲戒処分を行うことができ、相互に拘束されない。

5： ✗　必ずしも退職後に引き続いて採用された場合に限らず、退職前の行為は、懲戒処分の対象となる（29条3項）。

Point Check!

□同一の地方公共団体で任命権者を異にして異動した場合、異動後の任命権者は、異動前の行為について懲戒処分を行うことができる。

□職員が退職したときは、次の場合を除き、遡って懲戒処分を行うことはできない。

□職員が、任命権者の要請に応じ、特別職地方公務員等（同じ地方公共団体の特別職に属する地方公務員、他の地方公共団体・特定地方独立行政法人の地方公務員、国家公務員、国・地方の事務事業と密接な業務を行う地方公社等で条例で定めるものの従業員）となるため退職し、引き続いて特別職地方公務員等として在職した後引き続いて職員として採用された場合は、要請に応じた退職前の在職期間中の行為について懲戒処分を行うことができる。

□条例年齢以上退職者となる前又はかつて定年前再任用短時間勤務職員であったときの非違行為は、同一地方公共団体で定年前再任用短時間勤務職員として採用された後に懲戒処分を行うことができる。

【問53】 懲戒処分 （3）
《発展問題》

重要度 ★★

■懲戒処分に関して、正しいものはどれか。

1　懲戒処分の事由のうち、「全体の奉仕者たるにふさわしくない非行のあった場合」は、信用失墜行為の禁止の違反になるため、「地方公務員法に違反した場合」にも該当する。

2　任命権者は、少なくとも30日前に職員に懲戒免職の予告をしなければならず、予告をしない場合は30日分以上の平均賃金を支払わなければ、これをすることはできない。

3　任命権者は、職員が懲戒処分の事由のみに該当する場合であっても、その職員の情状により、懲戒処分に代えて分限処分とすることができる。

4　任命権者は、刑事事件に関し起訴され、分限休職処分を受けている者に対し、その事件に関し重ねて停職の懲戒処分とすることはできない。

5　職員が職務に就くことを命じる職務命令に反し無断欠勤を繰り返す場合、懲戒処分の事由に該当するから、職に必要な適格性を欠くとして分限処分を行うことはできない。

【問53】 懲戒処分 （3）　　　　　　　　　　　　　　　　正解：1

1：○　記述のとおり（29条1項）。

2：✕　「労働者の責に帰すべき事由に基づいて解雇する場合」（労基法20条1項）は、行政官庁の認定を受ければ、解雇予告及び30日以上の平均賃金の支払いを要しないとされており、懲戒免職事由があるときは、これに該当する。

3：✕　懲戒処分と分限処分は、それぞれその趣旨が異なる処分であるから、職員に懲戒処分事由のみが存在する場合に、分限処分に軽減することはできない。

4：✕　休職処分中であっても、職員の行為に対する道義的責任を問う必要があれば、重ねて停職処分とすることができる。なお、停職は給与の支給がないが、休職はこれが可能である等の違いがある。

5：✕　1つの行為が分限処分の事由にも懲戒処分の事由にも該当する場合、いずれの処分を行うこともでき、任命権者は、事案に即して適切に処分を選択することになる。

 *Point Check!*

□懲戒処分の事由は、次の3つ。

　①地方公務員法・同法の特例を定めた法律又はこれらに基づく条例、地方公共団体の規則若しくは地方公共団体の機関の定める規程に違反した場合

　②職務上の義務に違反し、又は職務を怠った場合

　③全体の奉仕者たるにふさわしくない非行のあった場合

□懲戒処分の事由と分限処分の事由がある場合、いずれか又は重ねて処分ができる。いずれかの事由のみがある場合、その処分に代えて他の処分はできない。

【問54】 刑事責任　　　　　　　　　　　　　重要度 ★★

■刑事責任に関して、正しいものはどれか。

1　地方公務員法の適用について、平等に取り扱わず、人種、信条、性別、社会的身分又は門地によって差別した者については、罰則の定めはない。

2　不利益処分に関する審査請求に対する審査の結果に基づき人事委員会が行った不当な取扱いの是正のための指示に故意に従わなかった者については、罰則の定めはない。

3　受験成績その他の能力の実証に基づくことなく職員の任用を行った者のみならず、これを企画し、命じ、又は故意に容認した者についても罰則の定めがある。

4　職員が勤務条件に関する措置の要求の申出を行うことを故意に妨げた者は、行為者が職員である場合に限り、罰則が適用される。

5　競争試験の受験に不当な影響を与える目的で秘密の情報を提供することを企て、又はこれを命じた者は、実際に情報提供が行われた場合に限り、罰則が適用される。

【問54】刑事責任　　　　　　　　　　　　　　　　　　　正解：3

1：✕　1年以下の懲役又は50万円以下の罰金に処せられる（60条1号）。

2：✕　1年以下の懲役又は50万円以下の罰金に処せられる（60条3号）。

3：〇　記述のとおり（61条2号、62条）。

4：✕　職員に限らず、罰則が適用される（61条5号）。

5：✕　禁止行為を企て、又は命じる行為は、禁止行為が行われなくても罰則が適用される（62条）。

□①ⅰ平等取扱い原則の規定に違反して差別をした者、ⅱ秘密を守る義務の規定に違反して秘密を漏らした者、ⅲ不利益処分に関する審査請求の審査結果に基づく人事委員会・公平委員会の指示に故意に従わなかった者は、1年以下の懲役・50万円以下の罰金に処する。

□②ⅰ不利益処分に関する審査請求の審査のための証人喚問に正当な理由なく、応じず・虚偽の陳述をした者、書類等の提出に応じず・虚偽の書類等を提出した者、ⅱ成績主義の規定に違反して任用した者、ⅲ競争試験の阻害・不当な影響を与える目的で特別・秘密の情報を提供した試験機関に属する者その他職員、ⅳ争議行為等の遂行の共謀、唆し、あおり又はこれらの企画をした者、ⅴ勤務条件に関する措置要求の申出を故意に妨げた者は、3年以下の懲役・100万円以下の罰金に処する。

□①ⅱ、②ⅰ～ⅲ・ⅴの行為を企て、命じ、故意に容認し、唆し、又はほう助した者は、同じ刑罰（ほう助を除き、行為の実行の有無を問わない）に処する。

【問55】 勤務条件

重要度 ★★

■勤務条件に関して、正しいものはどれか。

1　勤務条件は、民間の労働者の場合における労働条件と同義であり、勤務時間、休憩、休日等に関する事項や職務の安全、衛生等に関する事項をいい、給与は含まれない。

2　勤務条件は、職員が勤務を提供するについて存する諸条件で、職員が自己の勤務の提供又はその継続をするかどうかの決心をする際に考慮の対象となる利害関係事項である。

3　任命権者及び人事委員会は、地方公務員法に基づいて定められた勤務条件が社会一般の情勢に適応するように、随時、適当な措置を講じなければならない。

4　地方公務員法に基づいて定められた勤務条件は、職員の人事評価その他の能力の実証に基づいて適用されるが、その適用に当たっては、全て職員の平等取扱いが確保される。

5　憲法は、職員の勤務条件を含む労働者の就業時間、休息その他の勤労条件の基準について、使用者と労働者の合意に基づいて定めるべきものと定めている。

【問55】 勤務条件   正解：2

1：✗　給与も勤務条件の1つである。

2：○　勤務条件に関する法制意見（昭26・4・18）による定義である。

3：✗　この情勢適応の原則の規定（14条）は、地方公共団体に適当な措置を講じるように努力することを義務付けているものである。

4：✗　人事評価その他の能力の実証に基づいて行われなければならないのは、職員の任用である（15条）。

5：✗　就業時間、休息その他の勤労条件の基準については、法律で定めると規定している（憲法27条2項）。

Point Check!

□勤務条件とは、給与、勤務時間、休日、休暇等、職員が地方公共団体に対して職務を提供する場合の諸条件をいう。憲法には勤労条件と規定されており、民間の労働者の労働条件に相当する。

□憲法では、「賃金、就業時間、休息その他の勤労条件に関する基準は、法律でこれを定める」と規定されている。

□地方公共団体は、地方公務員法に基づいて定められた勤務条件が社会一般の情勢に適応するように、随時、適当な措置を講じなければならない（情勢適応の原則）。人事委員会は、随時、この講ずべき措置について議会・長に勧告することができる。

【問56】 給与

重要度★★★

■給与に関して、正しいものはどれか。

1 地方公務員法の定める給与とは、民間労働者の賃金に相当し、職員に対しその勤務に対する報酬として支給される対価物の総称であって、金銭以外のものも含む。

2 常勤の職員に対する給与には、職員の勤務時間における勤務に対する報酬である給料と、勤務時間に必ずしも対応しない報酬である諸手当がある。

3 短時間勤務職員及び会計年度任用職員を除く非常勤の職員に対する給与には、職員の勤務日数に応じて支給される報酬と、勤務日数に必ずしも対応しない諸手当がある。

4 旅費は、職員が公務により旅行した場合の実費弁償であるとされているが、このうちの日当は、出張先における特別の勤務に対する対価であり、給与に含まれる。

5 諸手当の種類は地方自治法に定められているが、その地方公共団体における勤務の特殊性等に基づき、条例で定めれば、法律に定められていない手当を支給することができる。

【問56】 給与　　　　　　　　　　　　　　　　　　　正解：1

1：○　現物であっても給与に相当する場合がある。
2：✕　常勤の職員の「給料」は、職員の正規の勤務時間の勤務に対する報酬であり、その「諸手当」は、①正規の勤務時間以外の勤務（時間外勤務、夜間勤務及び休日勤務）に対する報酬及び②勤務時間に必ずしも対応しない報酬である。
3：✕　短時間勤務職員及び会計年度任用職員（フルタイム）を除く非常勤の職員に対しては、その勤務日数に応じて報酬が支給され、常勤の職員の諸手当に相当するものはない（地自法203条の2）。
4：✕　旅費は、職員が公務により旅行した場合の費用を弁償するものであり、鉄道賃等の交通費のほか日当も給与ではない。
5：✕　諸手当の種類は、地方自治法に列挙されており、これ以外の手当を条例で創設することはできない（地自法204条2項、204条の2）。

 Point Check!

□給与とは、職員の職務に対する対価の総称をいう。
□常勤職員並びに短時間勤務職員及び会計年度任用職員（フルタイム）の給与には、給料及び諸手当があり、支給することができる諸手当の種類は、法定されている。旅費は、実費の弁償であり、給与ではない。
□非常勤職員（短時間勤務職員及び会計年度任用職員（フルタイム）を除く。）の給与は、報酬という。その報酬は、条例で特別の定めをした場合を除き、勤務日数に応じて支給する。なお、給与とは別に、職務を行うため要する費用は、弁償を受けることができる。また、条例で、会計年度任用職員（パートタイム）に対し期末手当を支給することができる。
□議会の議員の給与には、議員報酬がある。さらに、条例で定めれば、期末手当を支給できる。なお、給与とは別に、職務を行うため要する費用は、弁償を受けることができる。

【問57】 給与決定の原則　　　　　　　　重要度★★★

■給与の決定に関する原則に関して、正しいものはどれか。

1　職務給の原則とは、職員の給与は、その職務と責任に応ずるものでなければならず、その決定に当たっては、職員の生活の維持に必要な費用を考慮してはならないとするものである。

2　地方公営企業の職員、特定地方独立行政法人の職員及び単純労務職員については、職務給の原則に加え、職員が発揮した能率が考慮されるものであるとする能率給の原則も定められている。

3　均衡の原則とは、職員の給与は、国及び他の地方公共団体の職員の給与その他の事情を考慮して定められなければならないとするもので、給与体系の異なる民間労働者は考慮の対象とされていない。

4　情勢適応の原則とは、地方公共団体において、地方公務員法に基づいて定められた給与が社会一般の情勢に適応するように、毎年少なくとも1回、給料表に定める給料額を増減するものである。

5　給与条例主義とは、職員の給与は、条例で定めなければならず、また、この条例に基づかずには、いかなる金銭又は有価物も支給してはならないとするもので、全ての職員に適用される。

【問57】 給与決定の原則　　　　　　　　　　　　　　　　正解：2

1：✕　職務給の原則（24条1項）では、職員の生活の維持に必要な費用を考慮してはならないとはされていない。

2：〇　地方公営企業の職員、特定地方独立行政法人の職員及び単純労務職員については、能率給の原則も規定されている（地公企法38条2項、地方独法法51条1項、地公労法附則5項）。

3：✕　均衡の原則（24条2項）は、民間事業の従事者の給与も考慮の対象である。

4：✕　情勢適応の原則（14条）は、給与等の勤務条件について、随時、適切な措置を講じなければならないとするものである。

5：✕　給与条例主義（25条1項）は、地方公営企業の職員、特定地方独立行政法人の職員及び単純労務職員には、適用されない（地公企法38条4項、39条1項、地方独法法51条2項、53条1項）。

Point Check!

□職員の給与は、その職務と責任に応ずるものでなければならない（職務給の原則）。

□職員の給与は、生計費、国及び他の地方公共団体の職員の給与、民間事業の従事者の給与その他の事情を考慮して定められなければならない（均衡の原則）。

□職員の給与は、給与に関する条例に基づいて支給されなければならず、また、条例に基づかずに、いかなる金銭又は有価物も職員に支給してはならない（条例主義）。

□地方公営企業の職員、特定地方独立行政法人の職員及び単純労務職員には、以上の3原則につき異なる取扱いがある。

【問58】 給与支給の原則 　　　重要度 ★★

■職員の給与の支給に関して、正しいものはどれか。

1　職員の給与は、通貨で支払うことが原則であるが、金融機関を支払人とする小切手による支払は、現金同様の信用力があり、認められる。

2　職員の給与は、直接職員に支払うことが原則であるが、職員が指定する金融機関の預金又は貯金口座への給与の振込は、条例で定めれば、例外として認められる。

3　職員の給与は、その全額を職員に支払うことが原則であるが、所得税の源泉徴収、共済組合の掛金、職員団体の組合費等は、法律で認められた例外である。

4　職員は、他の職員の職を兼ねる場合に、これに対して給与を受けてはならないとされているが、国家公務員の職又は特別職を兼ねる場合には、このような制限はない。

5　職員の給与は、労働基準法に基づき、毎月1回以上、一定の期日を定めて支払うことが原則であるが、時間外勤務手当、特殊勤務手当等の諸手当については、その必要はない。

【問58】 給与支給の原則　　　　　　　　　　　　　　　正解： 4

1：✕　職員の給与の通貨払いの原則（25条2項）には法律又は条例で特に認められた場合の例外があるが、給与（退職手当を除く。）については、小切手の振出しができない（地自法施行令165条の4第3項）ため、この原則の例外にできない。

2：✕　職員の指定する預金口座等は、その支配下にあると考えられ、直接払いの原則（25条2項）の例外ではない。

3：✕　職員団体の組合費は、全額払いの原則（25条2項）に対する法律で認められた例外ではない。

4：〇　24条3項の「他の職員の職」の職員とは、一般職の地方公務員であるから（4条1項）、国家公務員の職や特別職を兼ねる場合には適用がない。

5：✕　職員に適用される労働基準法24条2項では、給与の一定期日払いの原則が定められているが、臨時に支払われる賃金、賞与その他これに準ずるものは、例外として除かれる。期末手当や勤勉手当は、この例外に該当するが、時間外勤務手当や特殊勤務手当は、この例外には該当しない。

Point Check!

□職員の給与は、①通貨で（通貨払いの原則）、②直接職員に（直接払いの原則）、③その全額を（全額払いの原則）、支払わなければならない（給与支給の3原則）。ただし、法律又は条例により特に認められた場合は除かれる。

□職員は、他の職員の職を兼ねる場合においても、これに対して給与を受けてはならない（重複給与支給の禁止）。

□給与は、臨時に支払われる給与、賞与等を除き、毎月1回以上、一定の期日を定めて支払われなければならない。

【問59】 給料・手当・報酬　　　　　　　　重要度　★★

■給料・手当・報酬に関して、正しいものはどれか。

1　常勤の職員及び非常勤の職員に支給する給料・手当・報酬の額は条例で、その支給方法については規則その他の規程で定めなければならない。

2　給与条例において定められる給料表には、職員の職務の複雑、困難及び責任の度に基づく等級ごとに明確な給料額の幅を定めていなければならない。

3　短時間勤務職員及び会計年度任用職員を除く非常勤の職員に対する報酬は、勤務日数に応じて支給しなければならず、条例で特別の定めをして月額等の支給方法に変更することはできない。

4　地方自治法に定める諸手当は、常勤の職員及び短時間勤務職員に対してその支給を保障するという趣旨であり、地方公共団体は、その全種類の手当を支給しなければならない。

5　地方公営企業の職員については、常勤の一般行政職の職員に支給される諸手当の種類と同一の種類の諸手当が、条例で定めるところにより支給される。

【問59】 給料・手当・報酬　　　　　　　　　　　　　　正解： 2

1： ✘　支給方法についても条例で定めなければならない（地自法
　203条の２第５項、204条３項）。
2： ○　給料表には、職員の職務の複雑、困難及び責任の度に基づく
　等級ごとに明確な給料額の幅を定めることとされている(25条４項)。
3： ✘　条例で特別の定めをした場合には、日額方式以外での報酬の
　支給が可能である（地自法203条の２第２項）。
4： ✘　地方自治法は、諸手当の支給を可能としており（地自法204
　条２項）、全種類の手当とは限らない。
5： ✘　企業職員の給与の種類及び基準は、条例で定めることとされ
　ている（地公企法38条４項）。

Point Check!

□常勤の職員及び非常勤の職員に支給する給料・手当・報酬は、その
　額及び支給方法を条例で定めなければならない。
□短時間勤務職員及び会計年度任用職員（フルタイム）を除く非常勤
　の職員に対する報酬は、勤務日数に応じた支給が原則であるが、条
　例で特別の定めをした場合は、月額等の支給方法をとることができ
　る。
□地方公営企業の職員及び単純労務職員の給与の種類及び基準は、条
　例で定める。
□特定地方独立行政法人の職員の給与の基準は、特定地方独立行政法
　人が定める。

【問60】 給与条例　　　　　　　　　　重要度 ★★

■給与条例に関して、正しいものはどれか。

1　職員の給与は、条例に基づいて支給されなければならない
　　が、これは専ら地方公共団体の財政が議会によりコント
　　ロールされるとする財政民主主義の要請による。

2　給料表並びに夜間勤務及び休日勤務に対する給与に関する
　　事項は、給与条例で定められるが、その他の諸手当は、任
　　命権者が人事委員会の意見を聴いて定める。

3　人事委員会は、毎年少なくとも1回、給料表が適当である
　　かどうかについて、地方公共団体の長に報告をし、地方公
　　共団体の長がこれを議会に報告をする。

4　人事委員会は、給与を決定する諸条件の変化により、給料
　　表に定める給料額の増額が適当である場合に限り、地方公
　　共団体の議会と長に適当な勧告をする。

5　給与に関し、人事委員会は、地方公共団体の議会及び長に
　　対し、その研究の成果を報告するとともに、条例の制定改
　　廃に関する意見を申し出ることができる。

【問60】 給与条例　　　　　　　　　　　　　　　　　　正解：5

1：✕　給与の条例主義は、財政民主主義の要請のほかに、職員の労働基本権の一部が制約されているため、労働基本権に代えて勤務条件の1つである給与を保障することが必要であることに基づいている。

2：✕　給与条例には、諸手当の種類、額、支給方法等を定める必要がある。

3：✕　人事委員会は、長と議会に同時に報告をする（26条）。

4：✕　減額の場合にも勧告をすることは可能である（26条）。

5：○　人事委員会は、給与に関し、議会及び長に対して研究の成果を提出すること及び条例の制定改廃に関する意見を申し出ることができる（8条1項2・3号）。

Point Check!

□給与に関する条例には、①給料表、②等級別基準職務表、③昇給の基準に関する事項、④時間外勤務手当、夜間勤務手当及び休日勤務手当に関する事項、⑤地方自治法に規定する手当を支給する場合は、当該手当に関する事項、⑥給与の支給方法及び支給条件に関する事項等を定める。

□人事委員会の主な権限：①毎年少なくとも1回、給料表が適当であるかどうかについて、議会・長に報告、②給与を決定する諸条件の変化により給料表に定める給料額を増減することが適当であると認めるときは、あわせて適当な勧告。そのほか、③給与について絶えず研究を行い、その成果を議会・長又は任命権者に提出、④職員に関する条例の制定・改廃に関し、議会・長に意見の申出。

【問61】 給与以外の勤務条件　　　　　　重要度 ★★

■給与以外の勤務条件に関して、正しいものはどれか。

1　職員の給与以外の勤務条件については、国及び他の地方公
　共団体の職員との間に権衡を失しないように適当な考慮が
　払われなければならない。

2　職員には原則として労働基準法が適用されるから、職員の
　勤務条件は、同法の労働条件に関する規定が適用されるが、
　条例でこれと異なる定めをすることもできる。

3　地方公共団体の長以外の執行機関の職員については、その
　給与以外の勤務条件は、条例ではなく、当該執行機関の規
　則その他の規程で定められる。

4　地方公共団体の長は、職員の給与以外の勤務条件が社会一
　般の情勢に適応するように、毎年1回、期限を定めて、人
　事委員会に対し報告を求めなければならない。

5　職員の給与以外の勤務条件については、民間の労働者の勤
　務条件との均衡を図るため、地域の民間の労働者又はその
　団体から意見を聴く必要がある。

【問61】 給与以外の勤務条件　　　　　　　　　　　　　　　正解：1

1：〇　給与以外の勤務条件の均衡の原則は、国・他の地方公共団体の職員との間に権衡を失しないように適当な考慮を払うことである（24条4項）。

2：✕　労働基準法は労働条件の最低基準を定めるものであるから、職員に適用のある労働基準法の規定について、条例でこれと異なる定めをすることはできない。

3：✕　長以外の執行機関の職員についても、勤務条件の条例主義が適用される（24条5項）。

4：✕　情勢適応の原則（14条）について、記述のような権限は定められていない。

5：✕　記述のような必要はない。そもそも給与以外の勤務条件について、民間事業の従事者の勤務条件との権衡は考慮の対象として規定されていない。

Point Check!

□給与以外の勤務条件を定めるに当たっては、国及び他の地方公共団体の職員との間に権衡を失しないように適当な考慮が払われなければならない（均衡の原則）。

□職員の勤務条件は、条例で定めなければならない（条例主義）。

□地方公務員は、労働基準法の労働時間、休憩、休日及び年次有給休暇に関するほとんどの規定の適用を受ける。

【問62】 勤務時間　　　　　　　　　　重要度　★★

■勤務時間に関して、正しいものはどれか。

1　勤務時間とは、民間の労働者の労働時間に相当し、労働基準法によれば、休憩時間を含み、原則として、1週間について40時間、1日について8時間を超えてはならない。

2　警察職員、消防職員その他交替制の勤務を要する特定の事務に従事する職員については、労働基準法の労働条件に関する規定のうち労働時間に関するものの適用がない。

3　労働基準法によれば、監督又は管理の地位にある者は、労働時間、休憩及び休日に関する規定は適用されないから、時間外又は休日の労働について賃金を支払う必要はない。

4　非現業の官公署に勤務する職員については、公務のため臨時の必要がある場合には、時間外勤務手当又は休日勤務手当なしで、時間外勤務又は休日勤務をさせることができる。

5　労働基準法によれば、守衛、庁舎管理等の監視の勤務に従事する職員で、労働基準監督機関に届出がされたものには、労働時間、休憩及び休日に関する規定は適用されない。

【問62】 勤務時間　　　　　　　　　　　　　　　　　　正解：3

1 ：✕　勤務時間は、職員が地方公共団体のために役務を提供するべき時間、つまり、休憩時間を除いて、実際に勤務すべき時間のことをいう。

2 ：✕　1週間40時間、1日8時間以内を正規の勤務時間とすることが実情に合わない職務については、労働基準法の規定に基づいて変形8時間労働制をとることができる。

3 ：〇　記述のとおり（労基法41条2号）。ただし、管理職の地方公務員について、週休日、祝日法による休日等に勤務した場合に管理職員特別勤務手当を支給することを妨げるものではない。

4 ：✕　時間外勤務手当又は休日勤務手当を支給しなければならない（労基法37条1項）。

5 ：✕　記述の職員について、労働基準監督機関の許可が必要である（労基法41条3号）。

Point Check!

□勤務時間とは、職員が地方公共団体のために役務を提供するべき時間をいう。

□勤務時間は、休憩時間を除き、1週間について40時間、1日について8時間を超えてはならない。条例で日曜日及び土曜日を閉庁日として定めている場合、通常は、月曜日から金曜日までの5日間に1日8時間の勤務時間が割り振られる。

□警察・消防職員等の通常の勤務が実情に合わない職務については、変形8時間労働制をとることができる。

□監督・管理の地位にある職員等については、労働基準法に定める労働時間、休憩及び休日に関する適用除外が同法で規定されている。

【問63】 休憩・休日・休暇・週休日 （1）　　　重要度　★★

■職員の休憩、休日、休暇又は週休日に関して、正しいものは
　どれか。

1　勤務時間が6時間を超える場合は45分以上、8時間を超え
　る場合は1時間以上の休憩時間を勤務時間の途中に与えな
　ければならず、休憩時間は勤務時間に含まれる。

2　毎週1回以上又は4週間を通じ4日以上の休日を与えなけ
　ればならず、これに基づき、毎週の土・日曜日が、週休日
　として正規の勤務時間を割り振らない日とされている。

3　国民の祝日に関する法律に規定する日や年末年始の休日
　は、特に命令される場合を除き、正規の勤務時間において
　も勤務を要しない日であり、給与の支給の対象とならない。

4　休暇とは、勤務を要する日に法律又は条例に基づいてその
　勤務条件として職務専念義務を免除されることであって、
　給与が支給されるものをいう。

5　年次有給休暇は、1年間に法定の日数、職員の請求する時
　季に与えなければならず、いかなる事由があっても、職員
　の請求する時季を変更することはできない。

【問63】 休憩・休日・休暇・週休日 （1）　　　　　　　　正解： 2

1 ： ✗　休憩時間は、勤務時間には含まれない（労基法32条）。

2 ： ○　日曜日及び土曜日は週休日とされ、労働基準法35条では「休日」と呼ばれているものである。

3 ： ✗　国民の祝日に関する法律の休日や年末年始の休日は、給与の支給の対象となる。

4 ： ✗　休暇は、有給とは限らず、無給のものもある。

5 ： ✗　請求された時季に有給休暇を与えることが公務の正常な運営を妨げる場合においては、他の時季にこれを与えることができる（労基法39条5項）。

Point Check!

□休憩時間とは、勤務時間の途中に一切の勤務から離れることができる時間をいう。

□休憩時間は、勤務時間が6時間を超える場合には少なくとも45分、8時間を超える場合には少なくとも1時間を、勤務時間の途中に設けなければならない。

□休日とは、特に勤務することを命ぜられる場合を除き、正規の勤務時間においても勤務することを要しない日をいい、国民の祝日に関する法律の休日・年末年始の休日のほか、地方公共団体の休日がある。

□休暇とは、勤務を要する日に法律又は条例に基づいてその勤務条件として職務専念義務を免除されることをいい、有給休暇と無給休暇とに分けられる。

□週休日とは、原則として正規の勤務時間を割り振らない日をいい、日曜日及び土曜日である。

【問64】 休憩・休日・休暇・週休日 （2）　　　重要度　★★
《発展問題》

■職員の休憩、休日、休暇又は週休日に関して、正しいものは
　どれか。

1　妊産婦である職員から請求があったときは、週休日である
　　土・日曜日に勤務させてはならないが、災害や公務上の必
　　要がある場合には勤務をさせることができる。

2　祝日や年末年始の休日において、特に勤務を命令された場
　　合には、正規の勤務時間に相当する時間に勤務することに
　　なるため、手当を支給することができない。

3　休暇とは、法律又は条例に基づき、勤務日に職務専念義務
　　が免除されることをいうから、法律又は条例に基づき職務
　　専念義務が免除されれば、それは全て休暇となる。

4　休暇には、一般に、年次有給休暇、病気休暇、特別休暇及
　　び介護休暇があるが、いずれの休暇もその取得のためには
　　法律又は条例で定める一定の事由が必要である。

5　休憩時間は、非現業の官公署の職員、警察職員、消防職員等
　　について定められた例外を除き、その職場で一斉に与える
　　とともに、職員の自由に利用させなければならない。

【問64】 休憩・休日・休暇・週休日（２）　　　　　　　　　　正解：5

1：✕　妊産婦から請求があれば、災害・公務上の必要があっても週休日に勤務させてはならない（労基法66条２項）。

2：✕　国民の祝日に関する法律の休日・年末年始に勤務した場合に、休日勤務手当を支給することは禁止されていない。

3：✕　職務専念義務の免除は、休暇のほか、休職や停職、育児休業等の場合がある。

4：✕　年次有給休暇は、事由を限らずに与えられるものである。

5：○　休憩時間には、一斉付与の原則及び自由利用の原則がある（労基法34条２・３項）。

Point Check!

□休憩時間は、原則として、その職場で一斉に与えるとともに（一斉付与の原則）、職員の自由に利用させなければならない（自由利用の原則）。ただし、①非現業の官公署の職員、地方公営企業の電車やバスの職員等は、一斉付与の原則が適用されず、②警察職員、消防職員等は、自由利用の原則が適用されない等の特例がある。

□休暇として、一般に、①年次有給休暇、②病気休暇、③特別休暇及び④介護休暇が定められている。

□年次有給休暇は、労働基準法に基づいて労働者に有給で付与することが義務付けられている休暇。年次有給休暇は、職員の権利であり、職員から請求があった場合は、その請求する時季に与えなければならない。ただし、請求された時季に与えることが公務の正常な運営を妨げる場合には、他の時季に与えることができる（時季変更権）。

【問65】 部分休業 重要度 ★

■修学部分休業又は高齢者部分休業に関して、正しいものはどれか。

1 修学部分休業は、公務の運営に支障がない場合に承認し、かつ、職員の自主研さんのための制度であるから、その承認の際に修学の内容や教育施設を考慮してはならない。

2 修学部分休業は、職員の公務に関する能力の向上に資すると認めるときに承認するものであるから、休業している間の給与は、条例でその全額を支給することもできる。

3 高齢者部分休業は、退職前に退職後の生活設計を行うための制度であるから、その職員についてそのような目的が認められない場合には、承認しないことができる。

4 高齢者部分休業は、高齢職員の心身の健康を維持するための制度であるから、公務の運営に著しく支障が生じる場合を除き、承認しなければならない。

5 部分休業とは、1週間の勤務時間の一部について勤務しないことをいい、1週間の特定の日について、その全部を勤務しない日があることもできる。

【問65】 部分休業 　　　　　　　　　　　　　　　　　正解：5

1：✗　修学の内容は公務に関する資質の向上に資するものであり、また、修学する教育施設は条例で定める（26条の2第1項）。

2：✗　ノーワークノーペイの原則から、条例で定めるところにより、減額して給与を支給する（26条の2第3項）。

3：✗　高齢者部分休業は、事前に退職後の生活設計を行うという効果をもたらすが、これが承認の要件ではない。

4：✗　高齢者部分休業は、高齢職員の心身の健康維持という効果をもたらすが、これが承認の要件ではない。

5：○　いずれの部分休業も、1週間の特定の日について、その全部を勤務しない日とすることが可能（26条の2第1項、26条の3第1項）。

Point Check!

□修学部分休業は、①任期を定めて任用される職員及び非常勤職員を除く職員が申請し、②公務の運営に支障がなく、かつ、③当該職員の公務に関する能力の向上に資すると認めるときに、④その職員が大学その他の条例で定める教育施設における修学のため、⑤当該修学に必要と認められる期間として条例で定める期間中、⑥1週間の勤務時間の一部について勤務しないことをいう。

□高齢者部分休業は、①高年齢として条例で定める年齢に達した職員（任期を定めて任用される職員及び非常勤職員を除く。）が申請し、②公務の運営に支障がないと認めるときに、③その申請の際に示した日（当該条例で定める年齢に達した以後の日でなければならない。）からその定年退職日までの期間中、④1週間の勤務時間の一部について勤務しないことをいう。

□いずれの部分休業も、任命権者が申請につき承認を行う。部分休業中の給与は、条例により、減額して支給する。

【問66】 休業　　　　　　　　　　　　　　　重要度 ★★

■休業に関して、正しいものはどれか。

1　地方公務員法において、職員の休業とは、自己啓発等休業、配偶者同行休業、育児休業及び大学院修学休業をいい、修学部分休業及び高齢者部分休業は、休業ではない。

2　休業中の職員は、職務に従事しないが、その職は保有するから、職員定数条例における職員の定数には、休業中の職員をその定数に含めなければならない。

3　休業中の職員は、職務に従事しないが、その職は保有するから、地方公共団体は、条例で定めるところにより、その職の保有に伴う手当を支給しなければならない。

4　大学院修学休業は、公立学校の教諭等の任命権者が、教育行政上の必要から、その指定する大学院又は大学の専攻科において教諭等に研修させるための休業をいう。

5　大学院修学休業は、公立学校の教諭等ではない知事部局に所属する職員であっても、任命権者の許可を得れば、その対象となることができる。

【問66】 休業   正解：1

1：○　地方公務員法上、修学部分休業及び高齢者部分休業は休業として位置付けられていない（26条の4）。

2：✕　職員定数条例（地自法172条3項）は、職員の定数の最高限度を定めて、執行機関の膨張を抑制することを目的とする。休業中の職員には給与が支給されず、また、必要な場合には任期付採用が認められるから、休業中の職員を定数条例の職員に含める必要はない。

3：✕　ノーワークノーペイの原則から、休業中の職員に給与は支給されない（26条の5第3項、26条の6第11項）。

4：✕　記述は、大学院修学休業（教特法26条）ではなく、職務研修として行われる大学院への派遣研修に関するものである。

5：✕　大学院修学休業の対象職員は、公立学校の教諭等に限られている（教特法26条1項）。

Point Check!

□職員の休業には、自己啓発等休業、配偶者同行休業、育児休業及び大学院修学休業がある。

□休業中の職員は、休業を開始した時就いていた職又は休業の期間中に異動した職を保有するが、職務に従事しない。

□休業をしている期間については、給与を支給しない。

□休業の承認は、その職員が休職又は停職の処分を受けた場合は、失効する。

□大学院修学休業は、公立学校の教員（主幹教諭、指導教諭、教諭、養護教諭、栄養教諭、主幹保育教諭、指導保育教諭、保育教諭又は講師）で、一種免許状又は特別免許状を有する者が、任命権者の許可を受けて、専修免許状を取得するため一定期間、国内外の大学院又は四年制大学の専攻科の課程へ在学し、その課程を履修するための休業をいう。

【問67】 自己啓発等休業・配偶者同行休業 　　　重要度　★★

■自己啓発等休業・配偶者同行休業に関して、正しいものはどれか。

1　自己啓発等休業は、国際協力の促進に資する外国における奉仕活動に参加する場合又は国内において社会に貢献する活動に参加する場合にその承認の対象となる。

2　自己啓発等休業は、職員の自己の資質又は能力の向上のために認められる休業であって、必ずしもその職員の公務に関する能力の向上に資するものであることは要しない。

3　配偶者同行休業は、職員が、外国での勤務等により外国に滞在するその配偶者と当該外国で生活するための休業であるから、当該外国内であれば、住所が異なっていてもよい。

4　配偶者同行休業は、有為な職員の継続的な勤務を促進するため、海外に滞在する配偶者を持つ職員の申請があれば、公務の運営の支障発生の有無に関係なく、認められる。

5　配偶者同行休業の承認は、承認を受けた職員が休職又は停職となった場合のほか、当該職員の配偶者が死亡し又はその配偶者でなくなった場合には、その効力を失う。

【問67】 自己啓発等休業・配偶者同行休業   正解：5

1：✗ 国内において社会に貢献する活動に参加する場合は、自己啓発等休業の対象となっていない（26条の5第1項）。

2：✗ その職員の公務に関する能力の向上に資するものである場合に認められるものである（26条の5第1項）。

3：✗ 配偶者の住所又は居所において生活を共にするための休業である（26条の6第1項）。

4：✗ 公務の運営に支障がないと認めるときに、申請が承認される（26条の6第1項）。

5：○ 配偶者同行休業の承認の失効事由としては、職員の休職・停職のほか、その職員の配偶者が死亡するか、配偶者でなくなったことである（26条の6第5項）。

 *Point Check!*

□自己啓発等休業は、①大学等課程の履修（大学その他の条例で定める教育施設の課程の履修）又は②国際貢献活動（国際協力の促進に資する外国における奉仕活動及びそれに必要な国内における訓練等のうち職員としての参加が適当であるとして条例で定めるものへの参加）のための休業をいう。

□配偶者同行休業は、職員が、外国での勤務その他の条例で定める事由により外国に住所又は居所を定めて滞在するその配偶者（届出をしないが事実上婚姻関係と同様の事情にある者を含む。）と、当該住所又は居所において生活を共にするための休業をいう。

【問68】育児休業（1）　　　　　　　　　　重要度　★★

■職員の育児休業に関して、正しいものはどれか。

1　職員は、任命権者の承認を受けて、その職員の3歳に満たない子を養育するため、育児休業をすることができるが、臨時的に任用される職員は除かれる。

2　育児休業については、非常勤の職員は、常勤の職員と同様に取り扱われており、その3歳に満たない子を養育するため、育児休業をすることができる。

3　任命権者は、育児休業の請求があった場合において、請求に係る期間の休業により公務の正常な運営に支障が生じると認めるときは、これを承認しないことができる。

4　育児休業をしている職員は、職務には従事しないが、休業の期間中に異動されることはなく、休業を開始した時就いていた職を保有することができる。

5　育児休業をしている職員は、その期間、職務に従事しないため、地方公共団体は、一切の給与の支給をすることができない。

【問68】育児休業（1）   正解：1

1：〇　臨時的任用職員は、育児休業の対象外である（地方公務員育休法2条1項）。

2：✕　非常勤の職員の育児休業は、子の養育の事情に応じ、1歳〜1歳6か月の間の条例で定める日（当該子の養育の事情を考慮して特に必要と認められる場合として条例で定める場合に該当するときは、2歳に達する日）とされている（地方公務員育休法2条1項）。

3：✕　請求に係る期間について請求した職員の業務を処理するための措置を講ずることが著しく困難である場合を除き、承認される（地方公務員育休法2条3項）。

4：✕　育児休業の期間中に異動されないわけではない（地方公務員育休法4条1項）。

5：✕　期末手当又は勤勉手当については、育児休業をしている国家公務員を基準として定める条例の定めるところにより、支給することができる（地方公務員育休法7条）。

Point Check!

□育児休業は、①職員（短時間勤務職員、臨時的任用職員その他その任用の状況がこれらに類する職員として条例で定める職員を除く。）が、②その職員の3歳に満たない子（特別養子縁組の監護期間中の子、養子縁組里親に委託されている児童その他これらに準ずる者として条例で定める者を含む。）を養育するために、その子が3歳に達する日まで行う休業である。ただし、③その子について、既に2回の育児休業（子の出生後8週間以内の2回の育児休業を除く。）をしたことがあるときは、条例で定める特別の事情がある場合を除き、休業できない。

□任命権者は、育児休業の請求があったときは、その請求に係る期間について請求をした職員の業務を処理するための措置を講ずることが著しく困難である場合を除き、育児休業を承認しなければならない。

【問69】 育児休業 （2）

《発展問題》

重要度　★

■職員の育児休業に関して、正しいものはどれか。

1　育児休業をしている職員が休職又は停職の処分を受けた場合には、任命権者は、当該育児休業の承認を取り消すことができる。

2　育児休業をした職員には、他の地方公共団体の職員及び民間の労働者の例を基準として、復帰後の給与及び退職した場合の退職手当の取扱いに関する措置が講じられる。

3　育児休業の期間の延長は、1回に限られているが、条例で定める特別の事情がある場合には、それ以上の回数の延長が認められる。

4　任命権者は、育児休業の期間の延長の請求があった場合において、その延長を相当と認めるときは、育児休業の期間の延長を承認することができる。

5　任命権者は、育児休業の請求に係る期間について、任期付職員の採用又は臨時的任用をすることができるが、その職員は、育児休業の失効又は取消しによって失職する。

【問69】 育児休業 (2)   正解： 3

1 ： ✕　休職又は停職の処分を受けた場合には、承認の効力は失われる（地方公務員育休法5条1項）。

2 ： ✕　育児休業をした国家公務員の例が基準となる（地方公務員育休法8条）。

3 ： ○　条例で定める特別の事情がある場合には、2回以上の期間の延長も可能とされている（地方公務員育休法3条2項）。

4 ： ✕　延長を請求した職員の業務を処理するための措置を講ずることが著しく困難である場合を除き、承認される（地方公務員育休法3条3項、2条3項）。

5 ： ✕　任期付採用・臨時的任用は、任期の定めがある以上、育児休業の失効等によっては、終了しない（地方公務員育休法6条）。

Point Check!

□育児休業の承認は、育児休業をしている職員が、①産前の休業を始め、又は出産した場合、②休職又は停職の処分を受けた場合、③育児休業に係る子が死亡し、又はその職員の子でなくなった場合に、その効力を失う。また、育児休業をしている職員がその育児休業に係る子を養育しなくなったことその他条例で定める事由に該当するときは、取り消される。

□育児休業をした職員には、国家公務員の例を基準として、復帰後の給与及び退職した場合の退職手当の取扱いに関する措置が講じられる。

□任命権者は、育児休業の請求があった場合に、その請求に係る期間に職員の配置換えその他の方法によって請求をした職員の業務を処理することが困難であると認めるときは、その業務を処理するため、請求に係る期間を任期の限度として、①任期付職員採用又は②臨時的任用を行う。

【問70】 育児短時間勤務

■職員の育児短時間勤務に関して、正しいものはどれか。

1　育児短時間勤務をすることができるのは、職員がその3歳に満たない子を養育する場合で、その職員の配偶者が育児休業又は育児短時間勤務をしていないときである。

2　育児短時間勤務は、1月以上1年以下の期間の限度でその期間の初日・末日及びその勤務の形態における勤務の日・時間帯を明らかにして、その承認を請求する。

3　任命権者は、育児短時間勤務の請求があった場合において、請求に係る期間における公務の正常な運営に支障がないと認めるときは、これを承認することができる。

4　育児短時間勤務は、臨時的に任用される職員その他これに類する職員として条例で定める職員はすることができないが、非常勤の職員はすることができる。

5　育児短時間勤務の請求をした職員の業務を処理するため必要があると認めるときは、その請求に係る期間を任期の限度として、職員の臨時的任用を行うことができる。

【問70】 育児短時間勤務   正解： 2

1 ： ✕ 職員がその小学校就学の始期に達するまでの子を養育する場
合に可能であり、配偶者が育児休業等をしていないことは、要件で
はない（地方公務員育休法10条1項）。

2 ： ○ 育児短時間勤務の請求では、1月～1年の期間と勤務の日・
時間帯の明示が必要（地方公務員育休法10条2項）。

3 ： ✕ 請求に係る期間について請求した職員の業務を処理するため
の措置を講ずることが困難である場合を除き、承認される（地方公
務員育休法10条3項）。

4 ： ✕ 非常勤の職員は、育児短時間勤務の対象外である（地方公務
員育休法10条1項）。

5 ： ✕ 短時間勤務職員の採用が可能である（地方公務員育休法18条）。

Point Check!

□育児短時間勤務は、①職員（非常勤職員、臨時的任用職員その他条
例で定めるこれに類する職員を除く。）が、任命権者の承認を受け
て、②その職員の小学校就学までの子（特別養子縁組の監護期間中
の子、養子縁組里親に委託されている児童その他これらに準ずる者
として条例で定める者を含む。）の養育のため、その子が小学校就
学の始期に達するまで、常勤の職を占めたまま、週休日以外の日に
1日につき10分の1の勤務時間の勤務等の5つの勤務形態から選択
して勤務すること。③その子につき既に育児短時間勤務をしたこと
がある場合は、その短時間勤務の終了日の翌日から1年を経過しな
いときは、特別な事情がある場合を除き、することができない。

□任命権者は、請求をした職員の業務を処理するための措置を講ずる
ことが困難である場合を除き、これを承認しなければならない。

□育児短時間勤務の承認の失効及び取消しについては、育児休業の場
合と同じ。

【問71】 育児部分休業

■職員の育児部分休業に関して、正しいものはどれか。

1 育児部分休業をすることができるのは、職員がその小学校就学の始期に達するまでの子を養育する場合で、その職員の配偶者が育児休業をしていないときである。

2 育児部分休業は、1月以上1年以下の期間の限度でその期間の初日・末日及び1日につき2時間以内の勤務しない時間帯を明らかにして、その承認を請求する。

3 任命権者は、育児部分休業の請求があった場合において、公務の運営に支障がないと認めるときは、条例の定めるところにより、育児部分休業を承認することができる。

4 育児部分休業は、育児短時間勤務をしている職員も対象としており、この場合、その短時間勤務をしている勤務時間の一部について、休業することになる。

5 職員は、育児部分休業を理由として、不利益な取扱いを受けることはないため、育児部分休業の時間中の給与を減額されることはない。

【問71】 育児部分休業　　　　　　　　　　　　　　　　正解：3

1：✗　職員の配偶者が育児休業等をしていないことは、要件ではない（地方公務員育休法19条1項）。

2：✗　育児部分休業には、育児短時間勤務のような1月以上1年以下の期間の制限はない（地方公務員育休法19条1項）。

3：◯　育児部分休業の承認は、公務の運営に支障がないと認めるときである（地方公務員育休法19条1項）。

4：✗　育児短時間勤務職員は、育児部分休業の対象外である（地方公務員育休法19条1項）。

5：✗　国家公務員の例を基準として定める条例により、減額して支給されることになる（地方公務員育休法19条2項）。

□育児部分休業とは、①職員（育児短時間勤務職員その他その任用の状況がこれに類する職員として条例で定める職員を除く。）が、任命権者の承認を受けて、②当該職員がその小学校就学の始期（短時間勤務職員以外の非常勤職員は、3歳）に達するまでの子（特別養子縁組の監護期間中の子、養子縁組里親に委託されている児童その他これらに準ずる者として条例で定める者を含む。）を養育するため、1日の勤務時間のうち2時間を超えない範囲内の時間について勤務しないことをいう。

□任命権者は、請求があった場合において、公務の運営に支障がないと認めるときは、これを承認することができる。

□育児部分休業の承認の失効及び取消しについては、育児休業の場合と同じ。

【問72】 介護休業

重要度　★

■職員の介護休業に関して、正しいものはどれか。

1　職員が介護休業の承認を受けることができる被介護者の範囲は、職員の配偶者、父母又は祖父母か、職員の配偶者の父母又は祖父母とされている。

2　介護休業は、職員の一定の範囲の家族で、高齢を理由として厚生労働省令で定める期間にわたり日常生活を営むのに支障があるものの介護のために承認される。

3　介護休業をすることができる期間は、要介護家族の介護に必要な期間として、1月以上1年以下の期間の限度でその期間の初日・末日を職員が定めるものとされている。

4　任命権者又はその委任を受けた者は、介護休業の承認の請求があった場合に、公務の運営に支障がないと認めるときは、当該請求に係る介護休業を承認することができる。

5　介護休業をした職員は、地方公務員等共済組合法に基づき、介護休業手当金として、一定の金額の支給を受けることができる。

【問72】 介護休業　　　　　　　　　　　　　　　　　　正解：5

1：✕　配偶者の祖父母の介護は対象外であるが、子の介護は対象となる（育児休業法61条3・6項）。

2：✕　要介護の状態は、高齢ではなく、負傷、疾病又は身体上・精神上の障害により一定の期間にわたり日常生活を営むのに支障があることである（育児休業法61条3・6項）。

3：✕　要介護家族の各々が介護を必要とする一の継続する状態ごとに、3回を超えず、かつ、合算して93日を超えない範囲内で任命権者等が指定する期間内において必要と認められる期間とされている（育児休業法61条4・6項）。

4：✕　当該請求に係る期間のうち公務の運営に支障があると認められる日又は時間を除き、これを承認しなければならない（育児休業法61条5・6項）。

5：○　介護休業をした職員は、介護休業手当金の支給を受けることができる（地共済法70条の3第1項）。

 Point Check!

□介護休業とは、①職員（短時間勤務の職を占める職員以外の非常勤職員は、一定の要件に該当するものに限る。）が、任命権者又はその委任を受けた者の承認を受けて、②当該職員の配偶者、父母若しくは子（これらに準ずる厚生労働省令で定める者を含む。）又は配偶者の父母であって負傷、疾病又は身体上・精神上の障害により厚生労働省令で定める期間にわたり日常生活を営むのに支障があるもの（要介護家族）の介護をするため、要介護家族の各々が介護を必要とする一の継続する状態ごとに、3回を超えず、かつ、合算して93日を超えない範囲内で任命権者等が指定する期間内において必要と認められる期間、休業することをいう。

□任命権者又はその委任を受けた者は、請求があったときは、当該請求に係る期間のうち公務の運営に支障があると認められる日又は時間を除き、これを承認しなければならない。

【問73】 看護休暇

重要度　★

■職員の看護休暇に関して、正しいものはどれか。

1　看護休暇は、職員の小学校就学の始期に達するまでの子が
　　負傷し、又は疾病にかかった場合に限り、当該子の世話を
　　行うために取得することができる。

2　看護休暇を取得することができる日数は、1年において、
　　5日を限度とするが、その職員が養育する子が2人以上の
　　場合にあっては、10日が限度とされている。

3　看護休暇は、職員が当該子の世話を行うことがやむを得な
　　い場合に認められ、当該職員の配偶者が子の世話をするこ
　　とが可能な場合には、取得することができない。

4　任命権者又はその委任を受けた者は、看護休暇の承認の請
　　求があったときは、公務の運営に支障があると認められる
　　場合を除き、これを承認しなければならない。

5　看護休暇を取得した職員は、地方公務員等共済組合法に基
　　づき、看護休暇手当金として、一定の金額の支給を受ける
　　ことができる。

【問73】 看護休暇　　　　　　　　　　　　　　　　　　　正解：4

1 ：✕　疾病の予防を図るために必要なものとして厚生労働省令で定める世話を行うためにも、その取得が可能である（育児休業法61条7・11項）。

2 ：✕　10日を限度とする看護休暇は、2人以上の養育する子がいずれも小学校就学の始期に達するまでの場合に認められる（育児休業法61条8・11項）。

3 ：✕　記述のような要件はない。

4 ：〇　看護休暇は、公務の運営に支障があると認められる場合を除き、承認される（育児休業法61条10・11項）。

5 ：✕　記述のような手当金はない。

Point Check!

□看護休暇とは、①職員（短時間勤務の職を占める職員以外の非常勤職員は、一定の要件に該当しないものに限る。）であって小学校就学の始期に達するまでの子を養育するものが、任命権者又はその委任を受けた者の承認を受けて、②負傷し、若しくは疾病にかかった当該子の世話又は疾病の予防を図るために必要なものとして厚生労働省令で定める当該子の世話を行うため、取得する休暇をいう。

□看護休暇を取得することができる日数は、1年において5日（職員が養育する小学校就学の始期に達するまでの子が2人以上の場合にあっては、10日）を限度とする。

□任命権者又はその委任を受けた者は、請求があったときは、公務の運営に支障があると認められる場合を除き、これを承認しなければならない。

□看護休暇は、1日の所定労働時間が短い職員として厚生労働省令で定めるもの以外の者は、厚生労働省令で定める1日未満の単位で取得することができる。

【問74】 厚生福利　　　　　　　　　　　重要度 ★★

■厚生福利に関して、正しいものはどれか。

1　職員の福祉の根本基準として、適切であり、かつ、公正でなければならないと規定されており、また、福祉の制度として、厚生福利制度及び共済制度が定められている。

2　地方公務員法には、地方公共団体は、条例で定めるところにより、厚生制度に関する計画を樹立し、これを実施しなければならないと規定されている。

3　厚生に関する事項には、疾病の予防や早期発見等のための措置である保健や、職務に伴う疲労の回復や気分転換のための措置である元気回復に関する事項が含まれる。

4　厚生制度は、職員の福祉のために地方公共団体が設ける制度であるから、その実施するための費用は、地方公共団体が全額を負担しなければならない。

5　厚生制度を定めるに当たっては、国及び他の地方公共団体の職員との間に権衡を失しないように適当な考慮が払われなければならないと規定されている。

【問74】厚生福利　　　　　　　　　　　　　　　　　　正解：3

1 ：✕　福祉の制度には、厚生福利制度（厚生制度と共済制度）及び
公務災害補償制度がある。

2 ：✕　地方公共団体が樹立する厚生に関する事項についての計画
（42条）は、条例という形式で定める必要はない。

3 ：〇　厚生制度として、地方公務員法には、職員の保健及び元気回
復が掲げられており、それぞれの意義は記述のとおりである。

4 ：✕　地方公共団体は、必ずしも厚生制度の実施に要する費用の全
額を負担しなければならないわけではなく、職員から掛金等を徴収
する互助会なども、厚生制度に含まれる。

5 ：✕　記述のような規定はなく、適切かつ公正な制度であれば（41
条）、その地方公共団体において、独自の制度を設けることもでき
る。

Point Check!

□職員の福祉及び利益の保護は、適切であり、かつ、公正でなければ
ならない。
　①職員の福祉＝ⅰ厚生福利制度（厚生制度と共済制度）
　　　　　　　　ⅱ公務災害補償制度
　②職員の利益の保護＝ⅰ勤務条件に関する措置の要求の制度
　　　　　　　　　　　ⅱ不利益処分に関する審査請求の制度
□厚生とは、健康を維持、増進させることをいう。地方公共団体は、
職員の保健、元気回復その他厚生に関する事項について計画を樹立
し、実施しなければならない。

【問75】 共済制度

重要度　★★

■共済制度に関して、正しいものはどれか。

1　共済制度とは、職員やその被扶養者に一定の事由が生じた場合に給付を行うための相互救済の制度であって、国が国民の生活を保障する社会保障制度とは異なる。

2　共済制度は、地方公務員等共済組合法その他の法律で定めるものとされているが、そのほか、地方公共団体が条例で独自の制度を設けることもできる。

3　共済制度は、健全な保険数理を基礎として定めなければならないため、国の制度との間の権衡については、特に考慮されなければならないものではない。

4　共済制度の実施主体は、地方公務員等共済組合法に基づき組織された地方公務員共済組合で、全国に一を限り、総務大臣が指定を行うものとされている。

5　共済制度には、公務に基づく病気又は負傷により退職し、又は死亡した場合に、その者又はその遺族に対する退職年金に関する制度も含むものである。

【問75】 共済制度 正解：5

1：✗ 共済制度は、国の社会保障制度としての性格もあわせ有している。

2：✗ 共済制度は、法律によって定めることとされている（43条6項）。

3：✗ 国の制度との間の権衡を失しないように適当な考慮が払われなければならない（43条4項）。保険数理については、記述のとおりである（43条5項）。

4：✗ 地方公務員共済組合は、道府県の職員、都道府県警察の職員等の職員の区分に従い組織され（地共済法3条1項）、総務大臣が一を限って指定するものではない。

5：○ 地方公務員法で記述のように明示されている（43条2項）。なお、地方公務員等共済組合法では、公務災害による障害又は死亡に対し一定の割増しが行われるほか、最低保障額が定められている。

Point Check!

□共済制度とは、職員間の相互救済を目的に、職員が一定額の掛金を積み立て、職員やその被扶養者に一定の事由が生じた場合に給付を行う制度をいう。また、国の社会保障制度としての性格もあわせ有している。

□共済制度は、国の制度との間に権衡を失しないように適当な考慮が払われなければならない。

□共済制度は、健全な保険数理を基礎として定めなければならない。

□共済制度は、法律で定める。

【問76】 共済組合

重要度　★

■地方公務員共済組合に関して、正しいものはどれか。

1　地方公務員共済組合は、共済制度の実施主体であるが、複数の組合員で構成される団体であって、民法の組合と同じく法人格を有しない。

2　地方公務員共済組合は、地方公務員法に規定する共済制度を実現するためのものであるから、特別職の職員は、組合員となることができない。

3　地方公務員共済組合は、常時勤務に服することを要する地方公務員によって組織されるため、休職又は停職の処分を受けた場合には、組合員の資格が失われる。

4　地方公務員共済組合連合会は、長期給付に係る業務の適正かつ円滑な運営を図るために、全ての地方公務員共済組合及び全国市町村職員共済組合連合会で組織される。

5　地方公務員共済組合の行う給付に要する費用は、組合員である職員から徴収する掛金と、地方公共団体等が払い込む負担金及び国の分担金によって賄われる。

【問76】 共済組合   正解： 4

1 ： ✕   共済組合は、法人とされている（地共済法4条1項）。

2 ： ✕   特別職の職員も排除されておらず、要件に該当すれば組合員
となる（地共済法2条1項1号）。

3 ： ✕   休職又は停職の処分を受けた者も職員に含まれ（地共済法2
条1項）、組合員である。

4 ： ○   地方公務員共済組合連合会は、組合及び市町村連合会で組織
され、その目的は記述のとおり（地共済法38条の2第1項）。

5 ： ✕   共済組合の行う給付に要する費用は、組合員の掛金と、地方
公共団体等の負担金とで賄われ、国の分担金はない（地共済法113
条）。

Point Check!

□共済制度の実施主体は、地方公務員等共済組合法に基づいて設立さ
れた公法人である地方公務員共済組合。

□地方公共団体及び職員の区分に従い数種の地方公務員共済組合があ
り、また、その連合体として、2つの連合会がある。

□①常時勤務に服する地方公務員（特別職を含む。）、②休職又は停職
の処分を受けた職員、③職務専念義務を免除された職員、④勤務形
態が①に準ずる一定の職員が組合員となる。

□共済事業として①短期給付（組合員又は被扶養者の病気、負傷、出
産、災害等に関する給付）、②長期給付（組合員が一定期間以上在
職したとき、一定の障害状態となったとき又は死亡したときに行う
給付）の支給を行うほか、③福祉事業（組合員の福祉を増進するた
めの事業）を行える。

□事業に要する費用は、組合員の掛金と地方公共団体の負担金によっ
て賄われる。

【問77】　公務災害補償制度　　　　　　　　重要度★★★

■公務災害補償制度に関して、正しいものはどれか。

1　公務災害補償とは、職員が公務による死亡、負傷、疾病又は障害等の災害を受けた場合に、職員又はその遺族や被扶養者が受ける損害を地方公共団体が補償する制度である。

2　公務上の災害となるためには、災害の発生が職務遂行と相当因果関係にあることと、災害が公務の従事中に発生し、そのことに地方公共団体に過失があることが必要である。

3　公務災害補償の対象となるのは、常時勤務に服することを要する職員及び非常勤の職員でその勤務形態が常時勤務に服する職員に準ずる者である。

4　公務上の災害の認定、補償金額の決定その他補償の実施に関して不服のある者は、当該都道府県の人事委員会に対し、審査請求をすることができる。

5　職員の公務災害補償に関する制度は、法律によって定めるものとし、当該制度については、国の制度との間に権衡を失しないように適当な考慮が払われなければならない。

【問77】　公務災害補償制度　　　　　　　　　　　　　正解：5

1：✕　公務災害補償の意義はほぼ記述どおりであるが、補償は、地方公共団体等に代わって地方公務員災害補償基金が行う（地公災法1条）。

2：✕　公務上の災害となるためには、地方公共団体の過失を必要としない。いわゆる無過失責任である。

3：✕　地方公務員災害補償法の適用のない非常勤の職員については、労働者災害補償保険法の適用を受ける者を除き、地方公共団体は、条例で、公務上の災害又は通勤による災害に対する補償の制度を定めなければならない（地公災法69条1項）。

4：✕　地方公務員災害補償基金が行う補償に関する決定に不服がある場合には、地方公務員災害補償基金審査会に対して審査請求ができる（地公災法51条1項）。

5：〇　公務災害補償は、法律で定め、国の制度との間の権衡に適当な考慮が払われる必要がある（45条4項）。

Point Check!

□公務災害補償とは、職員が公務上の災害を受けた場合に、その災害によって本人又はその被扶養者が受けた損害を補償する制度をいう。民間労働者の労働者災害補償保険に相当し、社会保障制度に位置付けられる。

□公務上の災害となるためには、①公務起因性と②公務遂行性が必要。災害の発生について地方公共団体の過失を必要としない（無過失責任）。

□補償の対象となるのは、①公務による死亡、負傷、疾病、②公務による負傷・疾病による死亡又は障害の状態、③船員である職員の公務による行方不明。④地方公務員災害補償法は、通勤による災害も対象。

【問78】 地方公務員災害補償法　　　　重要度 ★★

■地方公務員災害補償法に関して、正しいものはどれか。

1　公務災害を理由として補償を受けようとする者は、地方公務員災害補償基金に補償の給付を請求する前に、その任命権者に対し、公務災害の認定を申請しなければならない。

2　職員が、勤務のため、住居と勤務場所との間の往復又はある勤務場所から他の勤務場所への移動を、合理的な経路及び方法により行っている間の災害は、公務災害となる。

3　補償を受けるべき者が、公務災害による損害について国家賠償法等に基づき損害賠償を受けた場合には、同一の事由については、その価額の限度において補償を受けない。

4　公務災害により損害を受けた職員が、その後、離職した場合には、職員の地位の喪失に伴い、補償を受ける権利もまた消滅することになる。

5　地方公務員災害補償基金の業務に要する費用には、主に地方公共団体及び地方独立行政法人の負担金並びに職員の掛金が充てられる。

【問78】地方公務員災害補償法　　　　　　　　　　正解：3

1：✗　公務災害の認定も、地方公務員災害補償基金が行う（地公災法45条1項）。

2：✗　通勤による災害は、地方公務員災害補償法による補償の対象となるが（地公災法2条2項）、公務災害となるわけではない。

3：◯　損害の賠償を受ける場合に、これと重複して補償をするものではない（地公災法58条、59条）。

4：✗　補償を受ける権利は、職員が離職した場合においても、影響を受けない（地公災法62条1項）。

5：✗　基金の費用として、職員の掛金はない（地公災法49条1項）。

Point Check!

□地公災法は、①常時勤務に服することを要する地方公務員、②勤務形態が①に準ずる一定の地方公務員を対象として、公務上の災害及び通勤による災害に対する補償を行う。それ以外の職員は、地方公共団体が、条例で、補償制度を定める（労働者災害補償保険法の適用を受ける者を除く。）。

□補償等の実施のため、地方公務員災害補償基金（基金）が置かれ、地方公共団体に代わって災害の認定を行うとともに、補償を行う。補償を受けようとする職員や遺族等は、基金に対して請求を行う。

□基金の業務に必要な費用は、地方公共団体の負担金を主な財源とし、職員の職種ごとの給与総額に基づいて算定される。

【問79】 勤務条件に関する措置要求（1） 重要度 ★★

■勤務条件に関する措置要求に関して、正しいものはどれか。

1 勤務条件の措置要求の制度は、行政の能率的運営を確保するために職員の経済的権利を保障する趣旨であって、職員が労働基本権を制限されていることとは関係がない。

2 条件付採用期間中の職員及び臨時的任用職員は、行政不服審査法が適用されないから、勤務条件に関する措置要求をすることができない。

3 地方公営企業の職員及び単純労務職員は、勤務条件について団体交渉して労働協約を締結することができるから、勤務条件に関する措置要求をすることはできない。

4 勤務条件に関する措置要求は、その要求をする職員の勤務条件に関してしなければならず、給与条例の内容など職員全体の勤務条件に関してはすることができない。

5 措置要求をすることができるのは、勤務条件に関する事項であるから、勤務条件に関連する職員定数の増減、予算の増減、行政機構の改革等を要求することもできる。

【問79】 勤務条件に関する措置要求（1）　　　　　　正解：3

1：✖　この制度は、職員の経済的権利の保障・これによる公務能率の増進とともに、職員が労働基本権のうち、特に団体交渉をし、団体協約を締結する権利を制限されていることの代償という趣旨もある。

2：✖　勤務条件に関する措置要求は、条件付採用期間中の職員及び臨時的任用職員もすることができる。

3：◯　これらの職員は労使紛争について、労働委員会による調停及び仲裁の制度が認められており、措置要求をすることはできない（地公企法39条1項、地公労法附則5項）。

4：✖　措置要求の対象となる勤務条件は、職員自身の勤務条件に限られない。また、給与、勤務条件の条例主義があるが、条例事項であっても、勤務条件である以上、措置要求の対象となる。

5：✖　職員定数、予算、行政機構の改革等は、それ自体は勤務条件ではないから、措置要求をすることができない。

Point Check!

☐職員は、給与、勤務時間その他の勤務条件に関し、人事委員会・公平委員会に対して、地方公共団体の当局により適当な措置が執られるべきことを要求することができる。

☐職員には、条件付採用職員や臨時的任用職員も含まれるが、地方公営企業・特定地方独立行政法人の職員及び単純労務職員は含まない。

☐要求することができるのは、勤務条件であって、いわゆる管理運営事項は対象とならない。

【問80】 勤務条件に関する措置要求（２）

《発展問題》

重要度 ★★

■勤務条件に関する措置要求に関して、正しいものはどれか。

1　勤務条件に関する措置要求は、人事委員会（人事委員会を置かない地方公共団体においては任命権者）に対し、職員個人又は職員団体が行う。

2　何人も、勤務条件に関する措置要求の申出を妨げてはならず、故意にこれを妨げた者に対しては、罰則の定めがなされている。

3　勤務条件に関する措置要求があったときは、直ちにこれを審査しなければならず、この場合に、要求をした職員から請求があったときは、口頭審理を行わなければならない。

4　勤務条件に関する措置要求をした者は、審査や判定に不服があっても、行政訴訟の提起や再審の請求をすることはできず、同じ内容の措置要求を再び行うこともできない。

5　勤務条件に関する措置要求の審査の結果に基づいて権限を有する地方公共団体の機関に対し勧告がなされたときは、当該機関は、勧告に示された期間内に必要な措置を講じなければならない。

【問80】 勤務条件に関する措置要求（2）　　　　　　　　正解：2

1：✗　措置要求は、職員の身分及び経済的利益の保障のための制度
であるから、第三者機関である人事委員会又は公平委員会に対して
行う。また、職員に認められた制度であり、職員団体が要求するこ
とはできない（46条）。

2：◯　記述の者は、3年以下の懲役又は100万円以下の罰金に処せ
られる（61条5号）。

3：✗　人事委員会又は公平委員会は、措置要求に係る事案について
口頭審理その他の方法による審査を行い、事案を判定する。請求に
よる口頭審理の義務付けはない（47条）。

4：✗　違法な審査手続や裁量権の範囲を越えた判定が行政事件訴訟
法の対象となるかどうかについては、判例（昭36・3・28最判）が
これを肯定している。また、措置要求の再審は、認められていない
が、同じ職員が同じ内容の措置要求を再度行うことは、可能と解さ
れている。

5：✗　措置要求に係る人事委員会及び公平委員会の勧告には、法的
拘束力はない。

Point Check!

□人事委員会・公平委員会は、措置要求があったときは、事案につい
て口頭審理その他の方法による審査を行い、事案を判定する。審査
において、証人の喚問や書類の提出に応じなくても、罰則の適用は
ない。

□人事委員会・公平委員会は、事案の判定の結果に基づいて、①その
権限に属する事項は自らこれを実行し、②その他の事項は、その事
項に関し権限を有する地方公共団体の機関に対し必要な勧告をする。

【問81】　不利益処分に関する審査請求（1）　　重要度　★★

■不利益処分に関する説明書に関して、正しいものはどれか。

1　任命権者は、職員に対し、その任用に係る処分を行う場合においては、その際、その職員に対し処分の事由を記載した説明書を交付しなければならない。

2　職員は、その意に反する不利益処分を受けたと思うときは、任命権者に対し、説明書の交付を請求することができ、それが客観的に不利益処分であることを問わない。

3　職員から不利益処分の事由の説明書の交付の請求を受けた任命権者は、不利益処分を行った日から15日以内に、説明書を交付しなければならない。

4　不利益処分の事由の説明書には、処分の事由、処分につき人事委員会又は公平委員会に対して審査請求が可能である旨及び審査請求期間を記載しなければならない。

5　任命権者が、不利益処分に関し説明書を交付しなかった場合及び説明書に記載すべき事項が記載されていない場合には、当該不利益処分は、効力を生じない。

【問81】 不利益処分に関する審査請求（1）　　　　　　正解：4

1：✕　説明書の交付が求められるのは、懲戒その他その意に反すると認める不利益な処分を行う場合である（49条1項）。

2：✕　不利益処分でないことが客観的に明白である場合には、説明書の交付を請求できない。

3：✕　説明書の交付の請求を受けた日から15日以内に説明書を交付しなければならないのであって、不利益処分の日から15日以内ではない（49条3項）。

4：○　説明書には、処分の事由、人事委員会・公平委員会に審査請求が可能である旨及び審査請求期間を記載（49条4項）。

5：✕　説明書の交付は、審査請求のための便宜的な措置であるから、不利益処分の説明書の交付及びその記載事項の記載は、不利益処分の要件ではなく、これらが欠ける場合にも、処分の効力に影響を及ぼさないと解されている。

Point Check!

□任命権者は、職員に対し、その意に反する不利益処分を行う場合は、その職員に対し、説明書を交付しなければならない。ただし、その交付がなくても不利益処分は有効である。

□職員は、その意に反して不利益処分を受けたと思うときは、任命権者に対し説明書の交付を請求でき、請求を受けた任命権者は、その日から15日以内に、説明書を交付しなければならない。

□任命権者は、管理監督職勤務上限年齢による降任又は降級を伴う転任とされた職員には、その降任等に係る説明書を交付する義務はない。また、当該職員が説明書の交付を請求しても、当該降任等が地方公務員法等によって適正なことが明らかな場合、その交付義務は生じない。

【問82】 不利益処分に関する審査請求 （2）　　重要度 ★★

■**不利益処分に関する審査請求に関して、正しいものはどれか。**

1 地方公務員法において、不利益処分を受けた場合に審査請求をすることができるとされているのは、全ての一般職の職員である。

2 地方公務員法において、不利益処分を受けた職員が審査請求をすることができるとされているのは、人事委員会又は公平委員会に対する場合に限られる。

3 地方公務員法において、職員が審査請求をすることができるとされているのは、全ての不利益な処分であって、職員の意に反するか否かを問わない。

4 不利益処分を受けた職員が審査請求をする場合には、地方公務員法のみに基づかなければならず、行政不服審査法の審査請求の規定は適用されない。

5 地方公務員法において、不利益処分を受けた職員が審査請求をすることができるとされているのは、処分があった日の翌日から60日以内に限られる。

【問82】 不利益処分に関する審査請求（2）　　　　　　　正解：2

1：✕　条件付採用期間中の職員・臨時的任用職員は、分限に関する
　規定と行政不服審査法が適用されない（29条の2）から、不利益処
　分を受けた場合に審査請求をすることができない。

2：〇　不利益処分に関する審査請求は、人事委員会又は公平委員会
　の専管とされている（49条の2第1項）。

3：✕　審査請求のできる不利益処分とは、懲戒その他その意に反す
　ると認められる不利益な処分に限られる（49条の2第2項）。なお、
　分限処分もこれに当たる。

4：✕　審査請求は、あくまで行政不服審査法による審査請求である。
　その場合に、同法の一部の規定が適用されないだけである。

5：✕　審査請求は、処分があったことを知った日の翌日から起算し
　て3月以内にしなければならない（49条の3）。

Point Check!

□意に反する不利益処分を受けた職員は、その職員が属する地方公共
　団体の人事委員会・公平委員会に対してのみ、行政不服審査法によ
　る審査請求ができる。

□①意に反する不利益処分以外の職員に対する処分、②職員がした申
　請に対する不作為は、審査請求ができない。

□管理監督職勤務上限年齢による降任等については、原則として審査
　請求の対象とならない。当該降任等とされた職員が人事委員会・公
　平委員会に審査請求をしても、当該降任等が地方公務員法等によっ
　て適正なことが明らかな場合、却下されることになる。

□処分があった日の翌日から起算して1年を経過したときは、審査請
　求ができない。

【問83】 不利益処分に関する審査請求 （3）　　重要度 ★★

■審査請求に対する審査に関して、正しいものはどれか。

1　人事委員会又は公平委員会は、審査請求を受理したときは、直ちにその事案を審査しなければならない。この審査に当たっては、口頭審理を行い、かつ、これを公開しなければならない。

2　人事委員会又は公平委員会は、審査請求の審査の結果に基づいて、不利益処分を承認し、修正し、又は取り消す。処分が取り消されたときは、任命権者の何らの処分なくして、処分の時に遡って処分がなかったことになる。

3　人事委員会又は公平委員会は、審査請求の審査の結果に基づき必要がある場合には、任命権者に対し、職員が処分によって受けた不当な取扱いを是正するための勧告をする。任命権者は、これを尊重しなければならない。

4　人事委員会又は公平委員会のした裁決については、行政不服審査法に基づく再審査請求をすることができない。裁決の基礎となった証拠が虚偽であった場合であっても裁決を変更することはできない。

5　人事委員会又は公平委員会に対して審査請求が可能な不利益処分は、審査請求をした後でなければその取消訴訟を提起することができない。任命権者は、審査請求に対する処分の取消しの訴えを提起することができない。

【問83】 不利益処分に関する審査請求（3）　　　　　　　正解：2

1：✗　口頭審理とその公開は、いずれも処分を受けた職員から請求があったときに、行わなければならない（50条1項）。

2：○　人事委員会又は公平委員会の修正又は取消しの処分は、形成的効力を有し、任命権者の処分なくして効力を生じる。

3：✗　任命権者は、人事委員会又は公平委員会の指示に従わなければならず（50条3項）、指示に故意に従わなかった者は、1年以下の懲役又は50万円以下の罰金に処せられる（60条3号）。

4：✗　裁決については、当事者の請求又は職権によって、再審をすることができる。再審は、地方公務員法の人事委員会又は公平委員会の権限に関する規定に基づくものであって（8条8項）、再審査請求とは異なる。

5：✗　不利益処分は、審査請求をしただけでなく、人事委員会又は公平委員会の裁決を経た後でなければ、取消訴訟を提起することができない（51条の2）。なお、任命権者は、不服があっても取消訴訟を提起することはできない。

Point Check!

□人事委員会・公平委員会は、審査請求の事案審査に当たっては、証人を喚問し、又は書類やその写しの提出を求めることができる。正当な理由がないのにこれらに応じず、又は虚偽の陳述等を行った者は、罰則の定めがある。

□人事委員会・公平委員会は、審査請求に対する裁決を除き、審査事務の一部を委員又は事務局長に委任できる。

【問84】 労働基本権とその制限　　　　　　重要度　★★

■職員の労働基本権とその制限に関して、正しいものはどれか。

1　職員は、職種に応じて態様は異なるが、全体の奉仕者として勤務するという地位の特殊性と職務内容の公共性に基づいて、労働基本権が制限されている。

2　一般の行政職員及び教育職員には、職員団体を結成し、又は加入する権利及びその職員団体が当局と交渉し労働協約を締結する権利が保障されている。

3　地方公営企業の職員には、労働組合を結成し、又は加入する権利、その労働組合が当局と団体交渉し労働協約を締結する権利及び争議行為を行う権利が保障されている。

4　単純労務職員は、職員団体又は労働組合を結成し、又は加入する権利及びその職員団体又は労働組合が当局と交渉し労働協約を締結する権利が保障されている。

5　警察職員と消防職員は、その職務の特殊性から、原則として全ての労働基本権が認められていないが、消防職員には、職員団体を結成し、又は加入する権利が認められている。

【問84】 労働基本権とその制限　　　　　　　　　　　正解：1

1 ：○　労働基本権制限の根拠は、その地位の特殊性と職務内容の公共性に求められている。

2 ：✕　一般の行政職員及び教育職員の職員団体が労働協約その他の団体協約を締結する権利はない（55条 2 項）。

3 ：✕　地方公営企業の職員は、争議行為を行う権利はない（地公労法11条）。

4 ：✕　単純労務職員は、職員団体又は労働組合のいずれも結成し、又は加入することができるが、それぞれの制約に服する。したがって、職員団体は、労働協約を締結することはできない。

5 ：✕　警察職員と消防職員は、全ての労働基本権が認められていない（52条 5 項）。

 *Point Check!*

□労働基本権とは、勤労者の①団結権、②団体交渉権、③団体行動権（争議権）の 3 つの権利をいい、憲法により保障される。

□地方公営企業職員、特定地方独立行政法人の職員及び単純労務職員は、①労働組合を結成し、加入する権利（団結権）、②当局との間において団体交渉を行う権利、③勤務条件等について労働協約を締結する権利（その内容が条例に抵触、予算上・資金上不可能な場合は、条例等の改正が必要）が認められているが、争議行為は禁止されている。なお、単純労務職員は、職員団体の結成又は加入も認められている。

□警察職員及び消防職員は、団結権、団体交渉権及び争議権の全てが認められていない。ただし、消防職員は、消防職員委員会が置かれ、勤務条件及び厚生福利について消防長に意見を述べる制度がある。

【問85】 職員団体の組織　　　　　　　重要度 ★★

■職員団体の組織に関して、正しいものはどれか。

1　職員団体とは、職員の勤務条件の維持改善を図ることを目的として組織する団体又はそのような団体の連合体をいい、この目的以外の目的を有する団体は職員団体ではない。

2　職員団体は、同一の地方公共団体に属する職員のみをもって組織しなければならず、また、警察職員又は消防職員が加入するものであってはならない。

3　一定の管理職員等とそれ以外の職員とは、同一の職員団体を組織することはできず、同一の団体を組織したときには、その団体は地方公務員法上の職員団体とは扱われない。

4　職員団体の連合体は、異なる地方公共団体の職員団体の連合体でも職員団体であるし、職員団体と地方公営企業等の職員で組織する労働組合との連合体でも職員団体である。

5　職員団体は、その地方公共団体の当局との間の書面による協定により、職員は全て職員団体に加入しなければならないことを定めることができる。

【問85】 職員団体の組織　　　　　　　　　　　　　　正解：**3**

1：✕　職員団体は、副次的に、社会的目的や文化的目的をもち、そのための活動・行為をすることは認められる（52条1項）。また、同じように政治的目的をもつことも可能ではあるが、職員は政治的行為の制限（36条）があるので、職員はその範囲内の行為のみ認められる。

2：✕　職員団体は、その地方公共団体の職員だけで組織する必要はない（52条3・5項）。なお、警察職員や消防職員が加入するものであってはならない。

3：○　一定の管理職員等とそれ以外の職員とが混在する団体は、職員団体として認められない（52条3項）。

4：✕　異なる地方公共団体の職員団体の連合体であっても職員団体であるが、職員団体以外の団体が加入する連合体は、職員団体とはいえない。

5：✕　職員は、職員団体に加入しない権利が保障されているから（オープン・ショップ制）、労働組合法で認められているいわゆるクローズド・ショップ制は違法となる（52条3項）。

Point Check!

□職員団体とは、職員の勤務条件の維持改善を図ることを目的として組織する団体又はその連合体をいう。副次的に、社会的目的や文化的目的をもつこともできる。

□警察職員又は消防職員は、職員に含まれない。地方公営企業の職員及び特定地方独立行政法人の職員も、職員に含まれない。

□職員は、①職員団体を結成し、又は結成しない権利、②職員団体に加入し、又は加入しない権利を有する（オープン・ショップ制）。

【問86】 職員団体の登録　　　　　　　重要度 ★★

■地方公務員の職員団体の登録に関して、正しいものはどれか。

1　職員団体は、理事等の役員の氏名及びその他の一定の事項を記載した申請書に規約を添えて、裁判所にその認証を申請し、認証を経て登記所に登録することができる。

2　登録を受けることができる職員団体は、職員によって直接に組織された団体であって、職員団体の連合体は、職員団体であっても登録を受けることはできない。

3　職員団体の登録には、規約の作成や変更、役員の選挙等の重要な行為が、民主的に決定される旨の手続を定めるだけでなく、現実にその手続により決定される必要がある。

4　職員団体の登録には、その構成員が、同一の地方公共団体に属する職員のほか、その地方公共団体において免職処分を受けて一定の係争中の者のみであることを必要とする。

5　職員団体は、法人となる旨を人事委員会又は公平委員会に申し出ることによって法人格を取得することができるが、登録を受けた職員団体でなければならない。

【問86】 職員団体の登録 　　　　　　　　　　　　　　　　正解： 3

1：✕　職員団体の登録は、人事委員会又は公平委員会に申請することによる。申請書に規約を添える点は、記述のとおり。裁判所や登記所は、関与しない（53条1項）。

2：✕　職員団体の連合体も、職員団体である以上、登録を受けることができる。

3：○　登録には、重要行為の決定について民主的手続が形式的にも実質的にも必要とされる（53条3項）。

4：✕　記述されている者のほか、その職員団体の役員である者を構成員としていることを妨げないとされており（53条4項）、職員以外の者が職員団体の役員であることができる。

5：✕　登録を受けない職員団体は、「職員団体等に対する法人格の付与に関する法律」に基づいて規約の認証を受ければ、その主たる事務所の所在地において設立の登記をすることにより、法人格を得ることができる。

Point Check!

□職員団体は、条例で定めるところにより、人事委員会又は公平委員会に登録を申請することができる。

□登録を受けた職員団体には、次の便宜が与えられる。
　①地方公共団体の当局は、適法な交渉の申入れがあった場合には、これに応ずべき地位に立つ。
　②職員は、任命権者の許可を受けて在籍専従することができる。

【問87】 職員団体の交渉（1）　　重要度 ★★

■職員団体の交渉に関して、正しいものはどれか。

1　地方公共団体の当局は、登録を受けた職員団体から、職員の給与、勤務時間その他の勤務条件に関する事項に限り、適法な交渉の申入れがあった場合に、その申入れに応ずべき地位に立つ。

2　交渉に当たっては、職員団体と地方公共団体の当局の間において、あらかじめ、交渉に当たる者の員数、議題、時間、場所その他必要な事項を予備交渉によって取り決めなければならない。

3　職員には職務専念義務があることから、在籍専従職員以外の職員が地方公共団体の当局との交渉を行う場合には、それが適法な交渉であっても、勤務時間外に行わなければならない。

4　職員団体は、法令、条例又は地方公共団体の規則に反しない限りにおいて、その地方公共団体の当局と協定を結ぶことができ、この協定は、地方公共団体の機関の定める規程その他の規程に優先する。

5　職員団体と地方公共団体の当局との協定の締結が書面によるものであるときは、職員団体及び地方公共団体の当局の双方は、その内容を誠実に履行すべきことについて法的義務を負う。

【問87】 職員団体の交渉（1）　　　　　　　　　　　　正解：2

1：✗　記述の事項のほか、これに附帯して、社交的又は厚生的活動を含む適法な活動に係る事項についても交渉をすることができる（55条1・3項）。

2：〇　記述のような予備交渉のルールが法律上定められている（55条5項）。なお、労働組合では予備交渉に関する規定はなく、これを行うことなく交渉を申し入れることができる。

3：✗　登録を受けた職員団体が行う適法な交渉は、勤務時間中においても行うことができる（55条8項）。

4：✗　職員団体と当局との協定は、地方公共団体の機関の定める規程にも抵触してはならない（55条9項）。

5：✗　交渉の結果締結する書面協定は、双方とも誠意と責任をもって履行しなければならない（55条10項）が、これは道義的責任にとどまり、法的義務はない。

Point Check!

□登録を受けた職員団体から、①職員の給与、勤務時間その他の勤務条件に関し、これに附帯して、②社交的又は厚生的活動を含む適法な活動に係る事項に関し、適法な交渉の申入れがあった場合は、地方公共団体の当局は、これに応ずべき地位に立つ。

□交渉は、団体協約（当局を法的に拘束する。）を締結する権利を含まない。

□地方公共団体の事務の管理及び運営に関する事項（管理運営事項）は、交渉の対象にできない。

□適法な交渉は、勤務時間中にも行うことができ、これに参加する職員の職務専念義務が免除される。

【問88】 職員団体の交渉 （2）

《発展問題》

重要度 ★★

■職員団体の交渉に関して、正しいものはどれか。

1 職員団体の交渉は、交渉事項について適法に管理し、又は執行することのできる地方公共団体の当局を相手に行うこととされている。

2 職員団体側を代表して交渉に当たる者は、予備交渉で取り決めた員数の範囲内で、職員団体がその役員の中から指名する者に限られる。

3 交渉の打切りの事由が発生したときは、職員団体の側からのみ、交渉を打ち切ることができ、地方公共団体の当局の側からは、交渉を打ち切ることができない。

4 交渉は、他の職員の職務の遂行を妨げ、又は地方公共団体の事務の正常な運営を阻害することとなったときは、これを打ち切ることができる。

5 登録を受けない職員団体は、地方公務員法ではなく、条例で定める条件又は事情の下においてのみ、地方公共団体の当局との交渉をすることができる。

【問88】 職員団体の交渉（2）　　　　　　　　　　　　正解：4

1：✕　交渉の相手は、適法に管理し、又は決定することのできる地方公共団体の当局である（55条4項）。

2：✕　特別の事情があるときは、職員団体は、役員以外の者を指名することができる。ただし、交渉対象事項について交渉する適法な委任を受けたことを文書で証明できる者であることを要する（55条6項）。

3：✕　交渉の打切りができる状態になったときは、当局、職員団体のいずれの側からも、これを行うことができる。

4：〇　いずれも交渉の打切り事由として法定されている（55条7項）。

5：✕　登録を受けない職員団体にも、地方公務員法の規定の適用がある（55条2～10項）。

Point Check!

□交渉は、職員団体と地方公共団体の当局との間で、議題、時間、場所その他必要な事項をあらかじめ取り決めて行う（予備交渉）。

□交渉は、予備交渉で取り決めた員数の範囲内で、職員団体が役員の中から指名する者（特別の事情があるときは役員以外の者を指名できる。）と地方公共団体の当局の指名する者との間で行う。

□交渉は、①予備交渉で取り決めた事項に違反したとき、②交渉に参加できない者が参加したとき、③他の職員の職務の遂行を妨げたとき、④地方公共団体の事務の正常な運営を阻害するときは、打ち切ることができる。

【問89】 職員団体の在籍専従 　　　　　　　　　重要度 ★★

■職員団体の在籍専従に関して、正しいものはどれか。

1 　在籍専従が認められるのは、職員が、登録を受けた職員団体の役員又は代議員として、その業務に専ら従事する場合に限られる。

2 　在籍専従は、その請求をした職員の業務を処理するための措置が著しく困難である場合を除き、これを許可しなければならない。

3 　職員が任命権者の許可を受けて在籍専従となることのできる期間は、職員としての在職期間を通じて5年を超えることができない。

4 　在籍専従の許可を受けた職員には、その許可が効力を有する間は、給与を支給しないが、条例で定めた場合には、期末手当又は勤勉手当を支給することができる。

5 　在籍専従の許可を受けた職員は、営利企業等への従事に関する許可を受けていなくとも、職員団体から報酬を受けることができる。

【問89】 職員団体の在籍専従　　　　　　　　　　　　　　正解：5

1：✕　登録を受けた職員団体の役員として、その業務に専ら従事する場合に限られる。役員とは、委員長、副委員長、書記長等をいい、代議員は、通常は役員といえない（55条の2第1項）。

2：✕　在籍専従の許可は、任命権者が相当と認める場合に与えることができる（55条の2第2項）。

3：✕　当分の間、7年以下の範囲内で人事委員会規則又は公平委員会規則で定める期間とされている（附則20項）。

4：✕　在籍専従の許可を受けた職員は、その許可が効力を有する間は、休職者とし、期末手当及び勤勉手当を含むいかなる給与も支給されない（55条の2第5項）。

5：◯　在籍専従の許可を受けた職員は、その許可が効力を有する間は、いかなる給与も支給されないから、その許可は、その専従に関し職員団体から報酬を受けることも承認されたものと解することができる。

Point Check!

□職員は、在籍専従の許可を受けた場合を除き、職員団体の業務に専ら従事することができない。

□職員は、①任命権者の許可を受け、②登録を受けた職員団体について、③その役員として、その業務に専ら従事することができる。④任命権者が許可の有効期間を定めるが、職員としての在職期間を通じて7年以下で人事委員会・公平委員会規則で定める期間を超えられない。

□在籍専従職員は、①休職者とし、②給与を支給されず、③その期間は、退職手当の算定の基礎となる勤続期間に算入されない。また、④職員団体から報酬を受けることができる。

【問90】 職員団体のための行為　　　　　　　重要度　★★

■職員団体のための行為に関して、正しいものはどれか。

1　任命権者は、職員が、給与を受けないで職員団体の業務を行うため休暇を請求したときは、公務の運営に著しい支障がない限り、これを承認しなければならない。

2　地方公共団体は、行政遂行上の支障がない場合に、職員が職員団体のために不可欠な業務に従事するために必要最小限の無給の休暇を与える制度を設けることができる。

3　地方公共団体は、職員団体の活動を財政上支援するため、条例で定めて、在籍専従職員以外の職員が職員団体のための業務を行う場合に、給与を支給することができる。

4　職員は、登録を受けた職員団体の適法な交渉に参加する場合その他法律に定めがある場合を除き、給与を受けながら、職員団体のためその業務を行い、又は活動してはならない。

5　職員は、条例に定めがある場合には、休日若しくは代休日、週休日又は休憩時間に、職員団体のためその業務を行い、又は活動することができる。

【問90】職員団体のための行為　　　　　　　　　　　　正解：2

1：✕　職員団体のための行為は、公務に優先するものではないから、記述の場合に職務専念義務を免除することはできない。

2：〇　職員団体のための行為は、勤務時間外に行うべきであるが、一定の要件で、無給の休暇（いわゆる「組合休暇」）を認めることはさしつかえない（通知昭43・10・15自治公35号）。

3：✕　職員団体のための行為を行う職員に給与を支給することにより職員団体に対して財政上支援することは、労使相互不介入の原則に反し、ノーワークノーペイの原則にも反する。

4：✕　職員は、条例（いわゆる「ながら条例」）で定める場合には、給与を受けながら、職員団体のためその業務を行い、又は活動することができる（55条の2第6項）。

5：✕　週休日及び休憩時間は、職務専念義務がなく、また、給与支給の対象でもないから、「ながら条例」に定める必要はない。

Point Check!

□職員は、法律又は条例の定めがある場合を除き、勤務時間中に、職員団体のために活動してはならない（職務専念義務）。この法律の定めに、在籍専従の場合及び職員団体の適法な交渉に役員等として参加する場合がある。

□一定の限られた要件で、職員団体のための活動を行うための無給の休暇（組合休暇）を認めることはさしつかえない。

□職員は、条例（ながら条例）で定める場合を除き、給与を受けながら、職員団体のために業務を行い、又は活動してはならない。ながら条例には、職員団体の適法な交渉に役員等として参加する場合、年次有給休暇、休日・休日の代休（特に勤務を命ぜられた場合を除く。）、休職の期間等が規定される。

【問91】 人事行政の運営等の状況の公表　　　　重要度　★★

■人事行政の運営等の状況の公表に関して、正しいものはどれ
　か。

1　地方公共団体の執行機関は、条例で定めるところにより、
　毎年、地方公共団体の長に対し、人事行政の運営の状況を
　報告しなければならない。

2　人事行政の運営の状況の報告の対象となる職員には、臨時
　的に任用された職員や非常勤職員だけでなく、特別職の職
　員も含まれている。

3　人事委員会又は公平委員会は、条例で定めるところにより、
　毎年、地方公共団体の長に対し、業務の状況を報告しなけ
　ればならない。

4　地方公共団体の長は、人事行政の運営の状況の報告の概要
　及び人事委員会又は公平委員会の業務の報告について、公
　表をする前に、議会の議決を経なければならない。

5　人事行政の運営等の状況の公表は、人事行政の運営が予算
　の執行と関連するものであるから、歳入歳出予算の執行状
　況等の公表と同時に行われる。

【問91】 人事行政の運営等の状況の公表　　　　　　　　正解：3

1：✕　執行機関ではなく、任命権者が長への報告義務を負う（58条の2第1項）。

2：✕　臨時的に任用された職員、非常勤職員（短時間勤務職員及び会計年度任用職員（フルタイム）を除く。）及び特別職の職員は対象外である（58条の2第1項）。

3：◯　記述のとおり規定されている（58条の2第2項）。

4：✕　公表の前に議会の議決は要件とされていない（58条の2第3項）。

5：✕　公表の時期は、条例で定められる（58条の2第3項）。

Point Check!

□任命権者は、条例で定めるところにより、毎年、地方公共団体の長に対し、職員の任用、人事評価、給与、勤務時間その他の勤務条件、休業、分限及び懲戒、服務、退職管理、研修並びに福祉及び利益の保護等人事行政の運営の状況を報告しなければならない。

□地方公共団体の長は、条例で定めるところにより、毎年、上記の報告を取りまとめ、その概要及び人事委員会又は公平委員会の業務の報告を公表しなければならない。

□任命権者は、給料表に定める職員の職務の複雑、困難及び責任の度に基づく等級並びに職員の職の属する職制上の段階ごとに、職員の数を、毎年、地方公共団体の長に報告し、地方公共団体の長は、毎年、当該報告を取りまとめ、公表しなければならない。

【問92】 特例

■職員のうち、その職務と責任の特殊性に基づいて地方公務員法の特例が必要なものは、別に法律で定めるとしていることに関して、正しいものはどれか。

1 公立学校の校長及び教員に関する採用及び研修の特例については、教育公務員特例法ではなく、地方公務員法で定められている。

2 地方公営企業職員に関する給与、服務及び研修の特例については、地方公営企業法ではなく、地方公務員法で定められている。

3 特定地方独立行政法人の職員に関する給与及び給与以外の勤務条件の特例については、地方独立行政法人法ではなく、地方公務員法で定められている。

4 単純労務職員に関する給与、服務及び研修の特例については、地方公営企業等の労働関係に関する法律ではなく、地方公務員法で定められている。

5 警察職員及び消防職員に関する団結権の禁止の特例については、警察法及び消防組織法ではなく、地方公務員法で定められている。

【問92】 特例　　　　　　　　　　　　　　　　　正解：5

1：✗　記述の特例は、教育公務員特例法で定められている（教特法11条、21条〜）。

2：✗　記述の特例は、地方公営企業法で定められている（地公企法39条）。

3：✗　記述の特例は、地方独立行政法人法で定められている（地方独法法51条、52条）。

4：✗　記述の特例は、地方公営企業等の労働関係に関する法律で定められている（地公労法附則5項）。

5：○　警察職員及び消防職員の団結権の禁止は、地方公務員法52条5項に規定されている。

 Point Check!

□職員のうち、その職務と責任の特殊性に基づいて地方公務員法に対する特例を必要とするものについては、別に法律で定める。ただし、その特例は、同法1条の精神に反するものであってはならない。

□公立学校の教職員、単純労務職員、地方公営企業職員、特定独立行政法人職員、警察職員及び消防職員について、それぞれに応じた特例が別に法律で定められている。

著者紹介

加　藤　敏　博　（かとう・としひろ）

1961年生まれ
1987年東京大学法学部卒業
現在参議院法制局部長

著　書　『明解　選挙法・政治資金法の手引』（新日本法規）
　　　　『改正宗教法人法の解説』（新日本法規）
　　　　『要点解説　憲法・行政法』（公職研）
　　　　『要点解説　地方自治法』（公職研）
　　　　『要点解悦　地方公務員法』（公職研）
　　　　『昇任試験地方自治法精選問題集』（公職研）（以上、共同執筆）
　　　　他

齋　藤　陽　夫　（さいとう・あきお）

1972年生まれ
1999年東京大学大学院法学政治学研究科修士課程修了
現在参議院法制局課長

著　書　『昇任試験地方自治法精選問題集』（共同執筆）

昇任試験地方公務員法精選問題集　第3次改訂版
　　　　　　　　　　　　　　　ⓒ　加藤敏博・齋藤陽夫　2023年

2015年（平成27年）5月25日　初版第1刷発行
2018年（平成30年）5月16日　第1次改訂版発行
2021年（令和3年）5月8日　第2次改訂版発行
2023年（令和5年）3月31日　第3次改訂版発行

定価はカバーに表示してあります。

著　　者　加　藤　敏　博
　　　　　齋　藤　陽　夫
発　行　者　大　田　昭　一
発　行　所　公　　職　　研
〒101-0051
東京都千代田区神田神保町2丁目20番地
TEL03-3230-3701（代表）
03-3230-3703（編集）
FAX03-3230-1170
振替東京　6-154568
https://www.koshokuken.co.jp/

ISBN978-4-87526-437-8 C3031